일주일 만에 끝내는

카리스마 선생의

사회

이 책에 도움을 주신 분들

김주하
MBC 뉴스데스크 앵커

원희룡
제17대 한나라당 국회의원

최대호
사랑의집수리운동본부 본부장

일주일 만에 끝내는

카리스마 선생의

사회

최승권 지음

파라북스

일주일 만에 끝내는
카리스마 선생의
사회

2007년 8월 1일 초판 1쇄 인쇄
2007년 8월 6일 초판 1쇄 발행

지은이 | 최승권
펴낸이 | 김태화
펴낸곳 | 파라북스

주간 | 이성옥
기획 | 조은주 · 홍효은
마케팅 | 박경만
관리 | 이연숙
책임편집 | 전지영
본문 디자인 | 이선경
표지일러스트 | 문성준

등록번호 | 제313-2004-000003호
등록일자 | 2004년 1월 7일
전화 | 02) 322-5353   팩스 | 02) 334-0748
주소 | 서울특별시 마포구 서교동 343-12
홈페이지 | www.parabooks.com

ISBN 978-89-91058-78-1 (44300)

*값은 표지 뒷면에 있습니다.

책을 펴내며

교생실습까지 포함해 현장에서 학생들을 지도한 지 올해로 꼭 10년이 됩니다. 그동안 많은 학생들을 만났지만, 사회를 제일 좋아하는 과목으로 꼽는 친구는 거의 없었습니다. 오히려 대부분이 싫어하는 과목으로 1위 아니면 2위로 사회를 꼽습니다. 이것은 초등학생, 중학생 그리고 고등학생들이 크게 다르지 않게 보이는 현상입니다.

과목이 싫으니 가르치는 선생님이 좋을 리 없겠지요. 그래서 사회과 선생님들은 인기 없는 경우가 많습니다. 저로서는 여러모로 가슴 아픈 일입니다.

하지만 학생들에게는 문제가 더 심각합니다. 좋아하지도 않는 과목인데다가 성적도 저조하게 나오니까 사회 과목에 대한 거부감은 더욱 커지기만 하지요. 게다가 부모님들께서는 그냥 외우면 되는데 왜 점수가 안 나오는지 모르겠다며 혀를 끌끌 차십니다.

그러나 현재 우리 사회 교과의 내용에는 어린 학생들이 공부하기엔 너무 어려운 요소들이 많습니다. 거기에다가 대중매체의 영향으로 나타나는 획일화된 사고와 단순성의 추구는 복잡한 사회 현상들을 이해하는 데 장애가 되고, 책을 멀리 하는 지금의 학생들이 전문용어를 이해한다는 것도 무리가 있지요.

더욱이 현재 출제되고 있는 문제는 과거처럼 단순 암기가 아니라 응용력과 종합적 사고를 요구하는 수능형 문제가 주를 이루기 때문에, 많은 학생들이 문제의 뜻조차 이해하지 못하는 경우가 허다합니다.

그래서 저는 이 책을 집필하면서 학생들이 사회 교과의 내용을 진짜 사회, 그러니까 사람들이 모여 사는 곳으로 인식할 수 있도록 노력했습니다. 사회는 많은 사람들이 모여 살아가고 있기 때문에 일정한 규칙이 필요한데, 이런 내용을 다룬 교과가 사회라는 원론적인 입장에서 풀어가려 했습니다.

이름만 들어도 머리를 절레절레 흔들 것 같은 정치 · 법 · 경제 부분의 기초적인 내용을 쉽게 이해하기 위해서는 왜 이러한 제도들이 생겨났는지부터 파악해야 합니다.

또 현재 민주주의 체제의 정치구조와 법, 경제체제는 '민주주의의 근본이념 추구' 라는 커다란 목적을 공통적으로 추구하고 있습니다. 그래서 각 파트의 내용은 별개의 과목이 아니라

서로 긴밀하게 연결되어 있지요.

이런 원리는 교육자가 일방적으로 이끌어가는 것으로는 절대 파악될 수 없습니다. 그래서 교육자는 단지 수업의 진행자 역할만 하고, 학생들이 스스로 파악하는 형태로 책을 쓰고자 했습니다. 따라서 초등학교부터 고등학교까지 사회 영역의 기초를 쌓고 흥미를 갖는 데 도움이 될 것입니다.

저는 교육자이지 이 모든 분야의 전문가는 아닙니다. 따라서 각계의 전문 인사들과의 현장 인터뷰 내용도 인용하고자 노력했습니다. 도움을 주신 한나라당 원희룡 국회의원님, MBC 김주하 앵커님, 최대호 사랑의집수리운동본부장님께 진심으로 감사드립니다.

많은 학생들이 이 책을 통해 사회에 대한 흥미와 기초를 쌓아, 더욱 전문적이고 심화된 내용을 학습할 수 있는 능력을 갖추게 되길 간절히 바랍니다.

끝으로 좋은 책을 집필할 기회를 주신 파라북스에 감사드립니다.

차 례

책을 펴내며 — 5

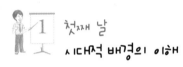

첫째 날
시대적 배경의 이해

테마 1 절대주의 유럽과 상공시민층의 성장 — 14

테마 2 계몽사상의 등장 — 27

테마 3 시민혁명의 발발 — 33
   프랑스혁명

테마 4 시장경제(자본주의)의 성립 — 38

테마 5 근대국가와 현대국가의 차이 — 40

둘째 날
정치 1 | 민주주의란 무엇인가

테마 1 민주주의의 근본이념과 기본원리 — 46

일주일 만에 끝내는
카리스마 선생의 사회

테마 2 근대 민주주의와 현대 민주주의의 변화 — 57
근대 민주주의 체제의 모순점 │ 현대 민주주의의 성립

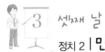

3 셋째 날
정치 2 │ 민주주의의 여러 제도

테마 1 법치주의와 정부 — 68

테마 2 의회제도(국회) — 72

테마 3 선거제도 — 79

테마 4 정당 — 87

테마 5 행정부 — 89

테마 6 지방자치제 — 92

테마 7 정치과정과 시민의 참여 — 99

넷째 날
법 1 | 법의 의미와 종류

테마 1 법의 의미 — 106

테마 2 법의 목적 — 112

테마 3 법치주의 — 117

테마 4 법의 분류 — 121

다섯째 날
법 2 | 법의 다양한 역할

테마 1 법의 적용 — 134

테마 2 재판의 종류 — 138

테마 3 국민의 권리 — 151

테마 4 국민의 의무 — 161

일주일 만에 끝내는
카리스마 선생의 사회

6 여섯째 날
경제 1 | 경제의 정의와 경제활동

테마 1 경제활동의 의미 — 166

테마 2 경제체제의 변천 — 169

테마 3 미래의 경제 — 173

테마 4 자원의 희소성 — 178

테마 5 기회비용과 합리적 선택 — 182

7 일곱째 날
경제 2 | 시장가격의 형성과 공정 경쟁

테마 1 수요·공급의 법칙 — 188

테마 2 가격의 변동 — 199

테마 3 환율과 무역 — 209

테마 4 공정한 경쟁 — 212

첫째 날 | 시대적 배경의
이해

✳ 테마 1 **절대주의 유럽과 상공시민층의 성장**

✳ 테마 2 **계몽사상의 등장**

✳ 테마 3 **시민혁명의 발발**

✳ 테마 4 **시장경제(자본주의)의 성립**

✳ 테마 5 **근대국가와 현대국가의 차이**

절대주의의 유럽과 상공시민층의 성장

서연 : 선생님, 안녕하세요?

선생님 : 어, 이게 누구냐? 오랜만이구나.

서연 : 선생님, 더 멋져지셨네요.

선생님 : 자식, 싱겁기는……. 그런데 웬 일이냐?

서연 : 제가 요즘 사회 때문에 미칠 지경이랍니다. 공부를 해도 책만 덮으면 도통 헷갈려서요.

선생님 : 음……. 일주일만 투자하면 자신감이 생기는 방법이 있긴 한데…….

서연 : 그게 뭔데요?

선생님 : 일주일 동안 내 이야기를 잘 듣기만 하면 돼. 하루 1시간 정도씩.

서연 : 정말요? 와! 신난다. 그럼, 내일부터 매일 올게요.

선생님 : 떽! 물에 빠진 거 건져 주겠다는데, 내일부터라니! 온 김에 오늘부터 해야지!

서연 : 헤헤헤, 넵!

선생님 : 네가 공부를 해도 모르겠다는 건 사회를 단순한 암기과목으로 생각하기 때문이야. 우선 그런 편견부터 버려야 하고 공부방법도 바꿔야 해. 모든 사회교과는 배경이 제일 중요한만큼 그것부터 이해해야 돼. 이것은 어린 시절 옛날이야기를 듣듯이 공부하면 되는 거란다. 자, 그럼 오늘은 16~18세기

유럽의 절대왕정 시대부터 얘기해 볼까?

선생님 : 절대주의란 말 그대로 모든 권력이 중앙의 국왕에게 집 중되어 있고, 거기에 소수의 귀족들과 자본가들이 특권을 누리는 체제를 말하지. 그럼 당시 법과 제도는 누구를 위한 것이었을까?

서연 : 당연히 왕이나 귀족 같은 특권층이겠죠.

선생님 : 그렇지. 당시의 법과 제도는 절대 군주를 위해 존재했고, 경제 역시 마찬가지였어. 절대권력을 유지하기 위해서는 매우 많은 돈이 필요했기 때문에 상업을 중시했던 거지. 이처럼 상업을 중시하는 경향을 뭐라고 하는지 아니?

서연 : 그 정도는 알죠. 중상주의 아닌가요?

선생님 : 맞았어. 아무튼 이러한 정치체제는 법과 경제가 모두 절 대왕권에 맞게 운영되었다고 할 수 있단다. 과거 우리나라의 군사정부 시절, 정부에 돈을 대주는 기업들이 특권을 부여받은 것이나 '국가보안법' 같은 법이 군사정부를 유지하기 위해 존재했던 것처럼 말이야.

서연 : 그런데 이런 절대왕정은 어떻게 생겨났나요?

선생님 : 그래, 그런 궁금증이 생겨야 뭐든 잘할 수 있는 거지. 절 대왕정이 생겨난 이유로는 우선 십자군전쟁(11~13세기)을 들 수 있어.

서연 : 아, 유럽 기사들하고 아랍 사람들이 싸운 것 말이죠?

선생님 : 그래, 이 전쟁에서 유럽은 셀주크 투르크에게 완전히 패

첫째 날

둘째 날

셋째 날

넷째 날

다섯째 날

여섯째 날

일곱째 날

하고 만단다.

서연 : 그럼 동양이 이긴 거로군요?

선생님 : 그렇지. 그렇다면 전쟁을 일으킨 로마 가톨릭 교황의 권한은 어찌되었을까?

서연 : 음, 약해졌겠죠?

선생님 : 그래. 그리고 전쟁에 참여한 봉건 기사들의 권한 또한 약해졌지. 그런데 여기에서 중요한 점은 그동안 어중간한 세력이었던 왕의 권력이 이 틈을 타 강해졌다는 사실이야.

서연 : 아, 그랬군요. 하지만 왕권을 키우고 또 그것을 유지하려면 왕 혼자만의 힘으로는 안 될 것 같은데요?

선생님 : 그래서 왕은 자기를 보호해 줄 군대를 양성하고, 돈을 대주는 계층의 도움을 받아야 했지.

서연 : 그 사람들이 누군데요?

선생님 : 바로 근대 유럽 역사의 실질적인 주인공인 상공시민층이란다. 이들은 십자군 전쟁 당시 무역으로 떼돈을 벌어들였고, 앞으로 더욱 많은 돈을 벌기를 원했지. 그러려면 여러 위험으로부터 자신들을 보호해 줄 강력한 보호막이 필요했겠지?

서연 : 아, 알았다. 그래서 왕은 상공시민층을 보호해 주고 그 대가로 돈을 받았겠군요?

선생님 : 이래서 가르치는 보람이 있는 거라니까. 하하하! 아무튼 한편으로는 교황의 세력이 약해진 틈을 타서 종교개혁이 일어나는데, 이때 등장한 칼뱅이란 사람은 예정설을 주장하면서 열심히 일해서 번 돈은 선한 것이라며 부의 축적을 인정해

첫째 날

둘째 날

셋째 날

넷째 날

다섯째 날

여섯째 날

일곱째 날

주지.

서연 : 교회가 부의 축적을 인정한다는 것은 상공시민층으로서는 반가운 일이었겠네요.

선생님 : 그렇지. 그러니 그들이 칼뱅의 새로운 종교를 지지했으리라는 건 쉽게 짐작할 수 있지? 어찌 보면 칼뱅이 자본주의의 기초를 마련했다고도 볼 수 있지. 아무튼 이런 배경하에 나타난 국가를 중앙집권(中央集權) 국가라고 한단다.

서연 : 그런데 중앙집권의 뜻이 뭐예요?

선생님 : 말 그대로 권력이 중앙으로 집결된다는 뜻이지. 이 중앙의 중심은 바로 왕이고. 왕권강화, 전제왕권도 모두 비슷한 말이야.

서연 : 그럼 절대왕권은 이 중앙집권 국가에서 시작되었나요?

선생님 : 그렇지! 그런데 십자군 전쟁 때 유럽 기사단을 혼내준
　　　　민족의 이름이 뭐라고 했지?

서연 : 셀, 뭐였는데…….

선생님 : 셀주크 투르크! 여기에서 투르크(Truk)란 말을 잘 살펴
　　　　보면 오늘날의 터키(Turkey)와 비슷하지 않니?

서연 : 그렇네요! 그럼 터키 사람들을 말하나요?

선생님 : 그래. 셀주크 투르크는 오스만 투르크로 바뀌는데, 이
　　　　오스만 투르크가 유럽의 천년제국이었던 비잔틴제국을 멸망
　　　　시킨 장본인이지. 그리고 그들은 유럽인들이 동양으로 가는
　　　　길을 막아 버려.

서연 : 무슨 길요?

선생님 : 비단길, 초원길, 바닷길 등 동양으로 통하는 주요 무역
　　　　로들을 말이야.

서연 : 그게 뭐 대단한 건가요?

선생님 : 굉장히 중요하지. 유럽 상인들이 돈을 벌어들이는 무역
　　　　로가 막힌 거니까.

서연 : 그럼 중앙집권도 다시 약해지겠군요?

선생님 : 그렇지. 그들은 필사적으로 다른 길을 찾아야 했어. 대
　　　　서양을 가로질러 돌아가는 길이라도 말이야. 그러다가 알려
　　　　지지 않은 땅들을 알게 되는데, 이것을 역사적으로는 신항로
　　　　발견이라고 얘기해.

서연 : 아, 알아요! 이때 콜럼버스, 바스코 다 가마 같은 사람들이
　　　　등장하는 거, 맞죠?

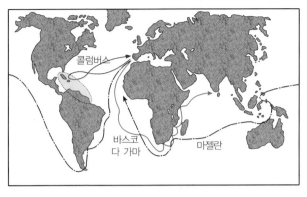

신항로 발견

첫째 날

둘째 날

셋째 날

넷째 날

다섯째 날

여섯째 날

일곱째 날

선생님 : 맞아. 여기에서 중요한 것은 이 신항로의 발견으로 알게
된 아메리카 대륙에서 엄청난 양의 산물들을 가져왔다는 사
실이야.

서연 : 물론 공짜로 가져온 건 아니죠?

선생님 : 대가를 치르고 가져온 거라면 좋았겠지만 그렇지 않았
어. 그냥 빼앗아 왔지. 땅도 빼앗고, 심지어 목숨까지도…….

서연 : 유럽인들 나쁘다. 그럼 유럽인들만 좋았겠네요?

선생님 : 좋은 정도가 아니지. 완전 하늘에서 떨어진 떡, 아니 로
또였던 게지. 그러니 더욱 상업이 강조되고 상인들은 더 큰
부자가 되고. 그 결과 국왕은 당연히 더욱 강력한 권력을 가

친절한 카리스마

비잔틴제국을 멸망시킨 오스만 투르크에 의해 동양으로 가는 길이 막히자,
유럽인들은 새로운 항로를 찾기 위해 대서양을 가로질러 가는 모험을 해야
했지요. 그리고 그 결과 이전까지는 몰랐던 땅, 아메리카를 발견하게 된답
니다.

지게 되었겠지?

서연 : 결국 남의 땅과 목숨을 빼앗아 얻은 것이군요.

선생님 : 그래, 이렇게 쌓은 부와 권력을 바탕으로 만들어진 것이
절대왕정 국가란다. 그럼 지금까지 이야기한 내용을 알기 쉽
게 표로 한번 만들어 볼까?

서연 : 네!

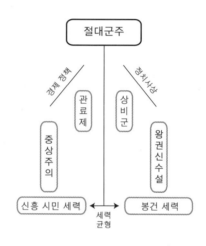

절대왕정 국가의 구조

서연 : 근데요, 표로 보니까 또 헷갈리는데요.

선생님 : 처음엔 다 그러니까 너무 염려할 것 없어. 우선 왕권신
수설(王權神授說)이란 말이 나오지? 이 말은 왕의 권력이 신으
로부터 나왔다는 뜻인데, 절대왕정의 정치사상이란다.

서연 : 그럼 중상주의는 뭔가요?

선생님 : 절대왕정을 유지하기 위해서는 상업이 중요하다는 말이
　　　　지. 즉 장사가 중요하다는 건데, 그렇다면 많이 파는 걸 좋아
　　　　할까, 사는 걸 좋아할까?

서연 : 그야 당연히 많이 팔아야죠.

선생님 : 그래, 그래서 당시에는 국가가 수출만 장려하고 수입은
　　　　억제했단다.

서연 : 팔려고만 하고 사지 않으면 거래가 이루어질까요?

선생님 : 그래서 더욱 식민지를 개척하려고 했던 거지.

서연 : 그런 거군요. 그럼 관료제는 뭐예요?

선생님 : 중세에는 국왕이 기사를 임명하고 땅을 주어 자율적으
　　　　로 다스리게 했지? 관료제(官僚制)란 이와는 달리 1등급부터
　　　　제일 마지막 등급까지 관리의 등급을 매겨 월급을 주는 제도
　　　　를 말해. 그리고 상비군(常備軍)은 항상, 늘 준비된 군대란 뜻
　　　　으로 국왕의 군대를 말하지. 이것을 유지하려면 돈이 많아야
　　　　겠지?

서연 : 그래서 당시 국가가 상업을 중시하고 상공시민층으로부
　　　　터 재정적 지원을 받았다는 거 아닙니까!

선생님 : 하하하, 이제 내용을 꿰고 있구나. 그럼 문제 하나 풀어
　　　　볼까?

서연 : 넵!

첫째 날

둘째 날

셋째 날

넷째 날

다섯째 날

여섯째 날

일곱째 날

절대왕정 국가에 대한 설명으로 잘못된 것은?

① 특히 해군의 육성에 힘을 기울였다.

② 관료제와 상비군이 뒷받침되어야 한다.

③ 십자군 전쟁 이후 강해진 왕권을 바탕으로 성립되었다.

④ 국가는 수입을 억제하고 수출을 장려하는 정책을 써서 경제를 엄격히 통제하였다.

⑤ 왕권신수설을 두어 제정일치 사회를 지향했다.

서연 : ①번은 잘 모르겠고, ②번은 그림에 있으니 맞는 거구, ③번도 그렇고, ④번은 맞는 것 같은데, '국가가 경제를 엄격히' 라는 말이 좀 걸리네요. 공산주의 같기도 하고……. ⑤번도 왕권신수설이 있으니 맞는 것 같고……. 어, 그런데 제정일치는 뭔가요?

선생님 : 제정일치(祭政一致)란 제사 즉 종교와 정치가 일치한다는 말로, 쉽게 말하면 국왕이 종교적 지도자 역할도 함께 한다는 거지.

서연 : 선생님, 잘 모르겠어요. 다 맞는 말 같아서…….

선생님 : 잘 보자! 우선 ①번에서 절대왕정은 중상주의를 펼쳤기 때문에 바다 건너 식민지를 침략하기 위해서는 해군력이 필요했지. 보기 ④번에서 수출을 장려하고 수입을 억제하는 건 맞는데, 여기서 엄격히 경제를 통제한다는 건 무슨 말일까? 사실 서연이뿐만 아니라 많은 학생들이 이 말 때문에 헷갈려

하는데 단순하게 생각하면 돼. 경제를 엄격히 통제한다는 것은 공산주의처럼 무섭게 통제해 경제의 자유가 없다는 말이 아니라, 수출 분야가 활성화되도록 국가가 경제에 좀 심하게 간섭한다는 의미란다.

서연 : 아하, 그런 말이었군요.

선생님 : 마지막으로 보기 ⑤번을 보면, 왕권신수설이라는 말 때문에 제정일치라고 생각하기 쉽지. 하지만 잘 생각해 봐. 유럽인들은 주로 누굴 믿지?

서연 : 예수님이요!

선생님 : 그래, 그럼 당시에도 그랬을 텐데 국왕이 신부님이나 목사님은 아니잖니?

서연 : 그렇죠. 알고 보면 왕권신수설은 순 엉터리군요. 혹시 교회와 국왕이 서로 짜고 꾸며낸 거 아닌가요?

선생님 : 그렇다고 볼 수 있지. 물론 양심적인 종교 지도자들도 많았겠지만, 당시 종교는 왕권신수설을 엉터리인 줄 알면서도 인정해 주기도 했지.

서연 : 아, 알았다! 그럼 답은 ⑤번이네요.

선생님 : 하하하! 샘이 다 알려 줬는데 뒷북치기는.

서연 : 그래서 제 별명이 'Back Drum' 이랍니다. 근데요 선생님, 절대왕정은 구체적으로 어떤 모습이었나요?

선생님 : 그건 세계사적인 부분이지만, 간단하게 알아보자. 우선 맨 처음 어느 나라가 절대왕정 국가가 되었는지를 알아야겠지? 절대왕정이 되려면 돈이 많아야 한다고 했어. 그럼 무엇

첫째 날

둘째 날

셋째 날

넷째 날

다섯째 날

여섯째 날

일곱째 날

23

을 많이 가지고 있는 나라가 유리할까?

서연 : 그야 해외 식민지가 많은 나라겠죠.

선생님 : 그럼 어느 나라겠니?

서연 : 에스파냐요!

선생님 : 그래, 에스파냐는 수많은 해외 식민지를 바탕으로 제일 먼저 절대왕정 국가가 되었어. 펠리페 2세(Felipe II, 1527~1598 년) 때 전성기를 맞았는데, 신항로 개척으로 얻은 노하우를 살려 이른바 무적함대를 거느리고 있었지. 영국의 엘리자베스 1세는 그것을 격파하여 대영제국의 기초를 만들었고.

또 프랑스에서는 자신을 스스로 태양왕이라고 하고, "짐이 곧 국가다"라고 말한 아주 거만한 루이 14세가 있었지. 그 사람은 다른 나라의 왕족이나 귀족들을 불러서 사치스러운 파티를 자주 즐기며 자신의 권력을 뽐냈대. 그리고 어마어마한 베르사유 궁전도 지었고.

| 펠리페 2세 | 루이 14세 | 엘리자베스 1세 |
| (Felipe II, 1527~1598년) | (Louis XIV, 1638~1715년) | (Elizabeth I, 1533~1603년) |

베르사유 궁전 거울의 방

서연 : 태양왕 루이 14세라면 저도 알아요. 손자인 루이 16세 때 프랑스 혁명이 일어나잖아요.

선생님 : 그렇지. 당시 프랑스의 상공시민층들의 종교는 거의 칼뱅파였는데, 루이 14세는 이들에게 종교의 자유마저 억압하여 상공시민층들이 등을 돌리게 된단다. 결국 프랑스의 재정은 점점 바닥이 나고 나중에 이것이 프랑스 혁명의 원인이 되기도 했지.

친절한 카리스마

왕 중심의 대규모이면서 화려한 문화양식을 바로크라고 하는데, 그 대표적인 건물이 바로 베르사유 궁전이랍니다. 특히 거울의 방은 길이 73m, 너비 10.4m에 높이 13m나 되는 엄청난 규모의 홀로, 정원을 향하는 벽에는 17개의 창문이 나 있으며, 반대편 벽에는 17개의 거울 벽면으로 이루어져 있지요. 왜 하필이면 17개이냐고요? 루이 14세가 친정을 시작한 지 17년이된 것을 기념하기 위해서랍니다. 이곳은 당시 프랑스 왕의 호화롭고 사치스러운 생활을 잘 보여주는 곳이죠.

첫째 날

둘째 날

셋째 날

넷째 날

다섯째 날

여섯째 날

일곱째 날

25

서연 : 《베르사유의 장미》라는 만화 배경이 이 당시인가 봐요?

선생님 : 나는 보지 못했지만, 아마 그럴 거야. 여기서 질문 하나! 이런 절대왕정이 다수를 위한 체제였겠니, 아니면 소수를 위한 체제였겠니?

서연 : 그야 당연히 소수 특권층을 위한 체제잖아요.

선생님 : 그래, 아까도 얘기했지만 이런 체제에서는 결국 다수 국민들의 희생이 강요되지. 또 한 가지, 절대왕정을 지탱해 준 상공시민층들의 불만이 슬슬 나오기 시작하지.

서연 : 왜요? 국왕의 보호를 받으면서 부를 축적할 수 있는데 뭐가 불만이죠?

선생님 : 돈을 많이 버니까 욕심이 생기는 거지. 명예욕이 말이야. 그러니까 상공시민층들도 정치에 참여하고 싶었던 거지. 그런데 절대왕정의 왕족이나 귀족들이 그렇게 하도록 내버려 두었을까?

서연 : 물론 반대했겠죠. 하지만 돈을 벌어다 준 상공시민층들로서는 화가 났겠는데요.

선생님 : 그렇지. 그래서 슬슬 절대왕정을 비판하기 시작했단다.

서연 : 아, 그럼 돈의 힘으로 왕정을 무너뜨렸나요?

선생님 : 아니라고 할 수는 없어. 하지만 역사적인 큰일이 일어날 때는 항상 명분이 필요하지. 즉 사상적인 뒷받침이 필요했단 말이지.

서연 : 그 사상이 뭔데요?

선생님 : 계몽사상이야.

계몽사상의 등장

첫째 날

둘째 날

셋째 날

넷째 날

다섯째 날

여섯째 날

일곱째 날

서연 : 계몽이란 말은 많이 들어 봤는데, 뜻은 정확히 모르겠어요.

선생님 : 계몽(啓蒙)이란 한자어로 깨우친다는 뜻인데, 어른들께서 '훈계' 한다고 하잖니? 그 말과 비슷해.

서연 : 그럼 무언가를 깨우치는 것이겠네요?

선생님 : 그래, 이성적인 판단, 즉 이치에 맞는지 생각해 보고 그렇지 않으면 고쳐서 보다 나은 세상으로 나가자는 사상이란다. 다시 말하면 불합리하거나 미신 같은 것을 물리치자는 거지.

서연 : 그러니까 절대왕정이 불합리하다고 지적한 것이겠네요?

선생님 : 와! 대단한 응용력이구나. 맞아, 이 사상이 바로 절대왕정을 비판했지.

서연 : 그런데 그렇게 비판해도 정부가 가만히 두었나요?

선생님 : 가만두긴, 잡아서 혼내주려고 했지. 그래서 당시 계몽사상가들은 거의 대부분 숨어서 도망다녔다고 해.

서연 : 구체적으로 어떤 사람들이 있나요?

선생님 : 적극적인 자세 아주 좋은데.

서연 : 이야기가 재미있으니까 당연하죠.

선생님 : 그거 반가운 소리구나. 우선 사상부터 알아보자. 왕권신수설 기억하지? 왕의 권한을 신으로부터 받았다고 우겼던 거

말이야.

서연 : 예, 말도 안 되는 소리잖아요.

선생님 : 그래, 네가 생각해도 그렇지? 그런데 당시 사람들은 그걸 믿었겠어? 그저 국가의 폭력이 무서워 겉으로만 인정하는 척했던 게지.

서연 : 맞아요, 학교에서도 그래요. 주먹 잘 쓰는 애들이 어처구니없는 말을 해도 그냥 인정해 주고 말죠.

선생님 : 그래, 안타까운 일이지. 아무튼 왕이 "내가 곧 신이야" 라고 우긴 것을 왕권신수설이라고 한다면, 여기에 반대하는 것이 천부인권 사상이란다. 무슨 뜻이겠니?

서연 : '천'은 하늘을 의미하고 '부'는…… 모르겠고, '인권'은 인간의 권리니까, 대충 인권은 하늘로부터 받았다, 이런 뜻 아닐까요?

선생님 : 그래 정확히 말했다. '부'는 '부여하다'고 할 때 쓰는 글자야. 그러니까 천부인권(天賦人權)이란 인간의 존엄한 권리는 하늘로부터 받았다는 의미야. 이것에 기초해서 많은 사상들이 나왔단다. 로크의 자연권 사상, 루소의 사회계약설, 몽테스키외의 3권 분립설 등이 있지.

서연 : 각각의 사상을 좀더 자세히 설명해 주세요.

선생님 : 로크의 자연권은 인간이 태어나면서부터 자연스럽게 얻게 되는 권리, 즉 인간존엄성을 말해.

서연 : 왕권신수설과는 반대되는 생각이군요.

선생님 : 그렇지. 한편 루소는 국가와 국민이 일종의 계약으로 구

성되었다고 주장했단다. 국민들 하나하나로 볼 때 너무 힘이 약하잖니? 강도, 치한, 바바리맨 등으로부터 강력한 무언가가 자신들을 지켜주기를 바라는 거지. 그래서 국민은 국가라는 힘을 필요로 하는 것이고, 국가는 그 대신 세금을 받아 운영되는 것이란다. 이것이 바로 사회계약설이야.

그런데 국가의 힘이 너무 커지면 혹시 나쁜 마음을 품고 독재를 하면서 국민을 괴롭힐 수 있겠지? 그래서 몽테스키외는 국가, 즉 정부를 입법부·사법부·행정부, 이렇게 3개로 나눠 서로 견제하도록 하자고 주장했는데, 이것을 3권 분립설이라고 해.

첫째 날
둘째 날
셋째 날
넷째 날
다섯째 날
여섯째 날
일곱째 날

루소
(Jean-Jacques Rousseau, 1712~1778년)

로크
(John Lock, 1632~1704년)

몽테스키외
(Baron de Montesquieu, 1689~1755년)

서연 : 이걸 다 외워야 하나요? 너무 복잡한데…….

선생님 : 외우긴 뭘 외워? 사상가들의 주장이 뭔지 이해만 하면 된다.

서연 : 이해는 돼요. 어쨌든 절대왕정과는 반대 입장의 생각 같

아요.

선생님 : 그거면 충분하다. 사회교과를 공부할 때 어려운 사람들의 이름이나 지명, 연도 같은 것이 나오면 무시해도 좋아.

서연 : 에이, 어떻게 그래요? 시험에 나오는데…….

선생님 : 굳이 외우려고 스트레스 받지 말라는 거야. 어차피 사회교과는 끝까지 공부하는 게 중요한데, 그런 것 때문에 흥미를 잃거나 중도에 포기하는 경우가 많거든. 내 말 알겠지?

서연 : 넵!

선생님 : 그럼 우리 문제 하나 더 풀어 보자.

문제 ■ ■ ■ ■ ■ ■ ■ ■ ■ ■ ■ ■ ■ ■ ■ ■

다음 지문의 내용을 반박하는 사상에 대해 잘못 설명한 것은?

> "인간은 본래 이기적이어서 '자연 상태'에서는 아무것도 금할 수 없고, 개인의 힘이 권리이다. 그러나 모든 사람이 자기 이익만을 끝까지 추구하는 자연 상태에서는 '만인(萬人)의 만인에 대한 투쟁'이 있고, '사람은 사람에 대하여 이리[狼]'이기 때문에 자기 보존(自己保存)의 보증마저 없다. 그러므로 각자의 이익을 위해서 사람은 계약으로써 국가를 만들어 '자연권(自然權)'을 제한하고, 국가를 대표하는 의지에 그것을 양도하여 복종한다."

① 18세기 프랑스에서 발달하였다.
② 인류의 발전은 인간의 이성을 통해 이루어질 수 있다고 믿었다.
③ 루소는, 주권은 국민에게 있고 정부가 공동의 이익을 수행하

첫 째 날

둘째 날

셋째 날

넷째 날

다섯째 날

여섯째 날

일곱째 날

지 못하면 폐지할 수도 있다고 주장했다.

④ 국민은 나약한 존재여서 강력한 국가의 지배 아래 있을 때 가장 안전하다.

⑤ 시민 계급의 정치 원리가 되어 미국 혁명, 프랑스 혁명에 커다란 영향을 주었다.

서연 : 그런데…… 지문이 너무 어려워요.

선생님 : 그럴 거야. 그럼 이해되는 부분만 찾아 읽어 보렴.

서연 : '그러므로 각자의 이익을 위해서 사람은 계약으로써 국가를 만들어' 이 부분하고요, '국가를 대표하는 의지에 그것을 양도하여 복종한다' 라는 구절에서 복종한다는 것이요.

선생님 : 잘했어. 그럼 네가 뽑은 내용만 잘 맞춰 보자. '사람은 계약함으로써 국가를 만든다' 그리고 '복종한다'.

서연 : 아, 알았다! 루소의 사회계약설, 맞죠?

선생님 : 어허, 성급하긴. 루소가 국가에 복종하라고 했어?

서연 : 아뇨. 그런데 왜 계약이나 자연권 같은 말이 있나요? 이건 계몽사상가들의 생각이잖아요.

선생님 : 네 말이 맞긴 한데, 계몽사상가들은 국가에 대한 일방적인 복종을 반대한 사람들이야. 그런데 여기에선 복종하라고 했으니, 지문의 내용은 절대왕정을 뒷받침하는 것이지. 자, 그럼 다시 풀어 보렴.

서연 : 예. ①번은 모르니까 보류. ②번은 계몽사상이고 ③번도

계몽사상가의 주장이죠. ④번은 이상해요. 국민이 강한 나라의 보호를 받으면 좋긴 한데, 왠지…….

선생님 : 그럼 ⑤번은 어때?

서연 : 미국 혁명이나 프랑스 혁명은 잘 모르겠지만 시민이 주도한다고 하는 것 같아서 ⑤번은 답이 아닐 것 같아요.

선생님 : 그럼 ①번 아니면 ④번이겠구나! 자, 그럼 찍어 보렴.

서연 : 음, ④번 할래요.

선생님 : 왜?

서연 : 강력한 국가의 지배가 나쁜 건 아니지만, 반대로 생각해 보면 어떤 경우라도 그런 강력한 지배를 인정해야 한다는 말 같아서요.

선생님 : 와우, 굉장한데! 정말 대단해. 정확히 이해했구나. 이 문제의 지문은 이해하기 어렵지만 잘 읽어 보면 아주 쉬운 단어들로 내용을 이해할 수 있어. 참고로 지문은 홉스라는 사람이 쓴 글로 '사회계약설'로 절대왕정을 뒷받침하고 있지.

시민혁명의 발발

첫째 날

둘째 날

셋째 날

넷째 날

다섯째 날

여섯째 날

일곱째 날

서연 : 그런데 이런 사상으로 어떻게 그 막강한 절대권력이 무너질 수 있었나요?

선생님 : 물론 갑자기 무너지지는 않았지. 시간이 지나면서 일반 국민들의 불만은 점점 더 커지는데, 국왕은 여전히 정신 못 차리고 나태하니까 힘이 없어졌겠지. 그리고 이런 상황이 계속되자 시민들이 체제를 무너뜨리는 혁명을 일으키는데, 이것이 시민혁명이란다.

그 대표적인 사건이 프랑스혁명(1789년)으로서, 유럽 전체로 퍼져 나가 유럽의 시민들에게 자유가 무엇인지, 평등이 무엇인지를 전파시켰기 때문에 의의가 매우 크다고 할 수 있어.

서연 : 아하, 그러니까 절대왕정을 붕괴시킨 사건이 시민혁명이군요. 그 다음은 어찌되었나요? 국왕이 죽었나요?

선생님 : 물론 그런 경우도 있었고, 그렇지 않고 국왕의 존재를 인정하는 경우도 많았어. 다만 어떤 경우든 이제는 왕이나 귀족이 아닌 시민이 나라의 주인인 체제가 등장했는데 그것이 바로 민주주의이지. 이 민주주의에는 민주공화정(民主共和政)과 입헌군주제(立憲君主制)라는 두 가지 체제가 있어.

민주공화정이란 여러 사람이 화합해서 대표를 선출하는 제도를 얘기한단다. 그러니까 왕은 없고 보통 대통령이 있지. 우리나라나 미국처럼. 한편 입헌군주제는 군주, 즉 왕이 존재하기는 하지만 실질적인 권력은 없고 국민의 대표인 의회에서 만든 헌법으로 정치하는 체제를 말해. 예컨대 영국 같은 나라지.

서연 : 어느 쪽이 더 좋은 체제인가요?

선생님 : 그렇게 구분할 수 있는 것은 아니고 각 나라의 상황에 맞게 정치를 얼마나 잘하는가가 중요한 것이지.

서연 : 그렇겠군요. 절대왕정을 무너뜨린 시민혁명에 대해 좀더 자세히 말씀해 주세요.

선생님 : 의회로 진출한 상공시민층이나 중산층에 의해 청교도혁명(1649년), 명예혁명(1688년) 등이 일어난 영국은 최초로 입헌군주제를 도입하게 되었고, 미국에서는 당시 강압적인 영국의 식민정책에 반발하여 독립전쟁을 벌여 최초로 민주공화정(1776년)을 이룩했단다. 이것을 미국 독립혁명이라고 하지.
그런데 영국이나, 미국에서 일어난 혁명은 순수한 시민혁명이라고 하기에는 부족함이 있어. 가장 대표적인 시민혁명은 바로 프랑스혁명이지.

 프랑스혁명

서연 : 프랑스혁명이 그렇게 중요한 사건인가요?

선생님 : 매우 중요하니까 좀더 자세히 알아둘 필요가 있어. 아까 얘기했던 루이 14세 기억하지?

서연 : 네, 자기가 곧 국가라고 말하고 베르사유 궁전을 지은 왕

말이죠?

선생님 : 그래. 그 이후로 프랑스는 빚더미에 앉아 허덕이고 있었
어. 그런데 나중에 국왕이 된 루이 16세는 돈을 더 걷으려고
평민들 대표를 불렀어.

서연 : 물론 평민들이 순순히 왕의 말을 듣진 않았겠죠?

선생님 : 어, 이제 네가 흐름을 아는구나. 맞아, 평민들은 '국민
의회'라는 의회를 만들어 국왕이 따라줄 것을 요구했지.

서연 : 루이 16세가 들어줬나요?

선생님 : 당시에는 겁이 나니까 들어줄 수밖에 없었지. 그러나 나
중에는 탄압을 하기 시작했지. 그러자 성난 시민들이 일어나
서 바스티유 감옥을 습격하며 그 유명한 인권선언을 했단다.

서연 : 인권선언이 뭔데요?

선생님 : 요약하면 자유 · 평등 · 박애(넓은 사랑)를 주장하는 건데,
이로써 프랑스도 영국처럼 입헌군주제가 되는가 싶었지.

서연 : 어, 그럼 안 되었나요?

선생님 : 그래, 국왕이 왕비 마리 앙투아네트의 고향인 오스트리아
로 도망가서 구원 요청을 하려다가 실패한 사건이 일어났거든.

서연 : 뭐예요? 다른 나라 군대를 빌려와서 자기 국민을 탄압하
겠다는 거잖아요?

선생님 : 바로 그거야! 그래서 성난 군중들이 국왕 부부를 단두대
로 데리고 가서 처형해 버렸어.

서연 : 와, 끔찍하네요. 단두대라면 머리를 자르는 거잖아요?

선생님 : 그렇지. 그리고 보다 강력한 국민공회라는 의회를 만들

첫째 날

둘째 날

셋째 날

넷째 날

다섯째 날

여섯째 날

일곱째 날

프랑스혁명 때 사용했던 단두대

어서 혁명에 반대하는 사람들은 모두 단두대로 보냈단다.

서연 : 단두대로 간 사람들은 어떤 사람들인가요?

선생님 : 주로 왕족이나 귀족들이었지. 하지만 죄 없는 일반 사람
　　　 들도 많았다고 해.

서연 : 그럼 사람들이 공포에 떨었겠네요?

선생님 : 그래서 그것을 공포정치라고 한다. 당시 프랑스 사람
　　　 들은 여러 모로 불안에 떨었지. 나라 안에서는 단두대 때문에
　　　 그랬고, 밖으로는 오스트리아를 중심으로 한 여러 나라들의

친절한 카리스마

단두대는 기요탱이라는 의사가 만들어서 기요틴이라고도 부릅니다. 단 하
루 동안 8,000명이나 되는 사람들이 이곳에서 처형되기도 했어요. 단두대
로 공포정치를 펼쳤던 로베스피에르라는 혁명 지도자나 단두대를 만든 기
요탱 역시 이것으로 처형되었답니다.

프랑스에 대한 감정이 안 좋아져 전쟁의 기운이 감돌았거든.

서연 : 그 당시 프랑스 사람들은 안팎으로 너무 불안했겠어요.

선생님 : 그랬지. 그런데 그때 그들을 구원해 주는 사람이 등장한
단다.

서연 : 어, 그게 누구예요?

선생님 : 그 유명한 나폴레옹이지. 나폴레옹은 프랑스 안의 질서
를 바로잡고, 프랑스를 위협하는 유럽의 여러 국가들로 원정
을 나가 뛰어난 전략으로 승리했어. 그런데 재미있는 사실은
나폴레옹의 군대는 다른 민족에게 큰 저항을 받지 않았다는
거야.

서연 : 왜요?

선생님 : 간단해. 자기들은 그들을 절대왕정으로부터 해방시키기
위해 온 해방군이라고 주장했기 때문이지. 나폴레옹은 이 같
은 주장을 실현시키지는 못했어. 하지만 그의 원정은 유럽인
들에게 프랑스혁명을 알리는 계기가 되었지. 그래서 그 후로
유럽 각국에서 프랑스혁명과 비슷한 혁명이 일어나게 되었어.

서연 : 아, 그래서 절대왕정이 무너진 것이군요?

선생님 : 그래, 물론 그 이후에도 여러 사건이 일어나긴 하지만 그
건 세계사에서 다룰 문제 같구나. 하나만 기억하고 넘어가자.
지금까지 알아본 시민혁명은 어느 계층이 지원했다고 했지?

서연 : 상공시민층이요.

선생님 : 맞았어. 결국 절대왕정을 지탱해온 상공시민층이 절대
왕정을 무너뜨린 거라 할 수 있지.

첫째 날
둘째 날
셋째 날
넷째 날
다섯째 날
여섯째 날
일곱째 날

시장경제(자본주의)의 성립

선생님 : 시민혁명 이후 정치적인 자유를 얻은 상공시민층은 이 제 경제적 자유도 얻으려 했어.

서연 : 그러니까 나라의 간섭을 받지 않고 돈을 벌고 싶다는 거로 군요.

선생님 : 그렇지. 그래서 애덤 스미스라는 학자는 중상주의 경제 정책을 비판하며 자유로운 경제를 주장했단다. 그것이 자유 방임주의 경제인데, 오늘날의 자본주의, 즉 시장경제를 말하 는 거지.

서연 : 말은 들은 것 같은데 정확한 의미를 모르겠어요.

선생님 : 시장경제란 우리가 흔히 가는 시장에서 이루어지는 경제체제를 말하는 거야. 그런데 시장엔 누가 있지?

서연 : 물건 파는 사람과 사는 사람요!

선생님 : 그래, 그게 시장경제의 핵심이야.

서연 : 엥, 뭐라고요? 그러지 말고 좀 자세히 알려주세요.

선생님 : 하하하, 그래. 시장에 가면 물건 파는 사람과 사는 사람이 서로 흥정하는 모습을 많이 볼 수 있단다. 파는 사람은 비싸게 팔려고 하고 사는 사람은 싸게 사려고 하지. 예를 들어 우리가 고등어를 사러 갔다고 가정해 보자. 그러면 우리는 가격을 깎으려고 하겠지?

서연 : 그렇죠. 저희 엄마는 가격을 맘대로 정해 돈을 주고 그냥 가져오세요. 정말 못 말린다니까요.

선생님 : 대단하시구나! 그럼 고등어 파는 분은 밑지고 팔았을까?

서연 : 설마요. 밑지고야 팔았겠어요?

선생님 : 옳거니! 바로 그거야. 고등어를 거래하고 나서 보니까 손해 본 사람은 없고 다들 이익이 생겼지? 애덤 스미스가 주장한 게 바로 그거란다. 시장경제는 국가가 경제에 간섭하지 않으면 최대의 효과가 난다는 거지.

서연 : 국가가 간섭하지 않아도 저절로 돌아간다는 뜻이군요?

선생님 : 그렇지. 그러니까 자본주의는 시민혁명의 정치적인 자유를 기초로 해서 나올 수 있었던 거야. 이처럼 정치와 경제는 깊고 가까운 관계이지. 각각 따로따로 이루어지는 것이 절대 아니란다.

첫째 날
둘째 날
셋째 날
넷째 날
다섯째 날
여섯째 날
일곱째 날

근대국가와 현대국가의 차이

서연 : 그러면 시민혁명 직후의 민주주의 체제나 시장경제 체제
가 오늘날의 민주주의와 같은 건가요?

선생님 : 아니, 지금과는 많은 차이가 있지. 당시 민주주의는 억
압과 차별 속에 신음하던 일반 시민들이 싸워서 피의 대가로
얻어낸 체제였어. 그래서 시민들은 무한대의 자유를 원했지.
그 무한대의 자유를 바로 자유방임주의라고 하는 거야. 국가
는 국민의 자유를 최대한 지켜 주기 위해 간섭을 최소한으로
하는 정부를 구성했지.

서연 : 그럼 좋은 거 아니에요? 이래라저래라 간섭하지 않으니까.

선생님 : 꼭 그렇지만은 않아! 예를 들어, 형과 동생이 장난감을
가지고 싸운다고 하자. 아무도 간섭을 하지 않으면 보통은 누
가 이길까?

서연 : 당연히 형이 이기겠죠, 뭐.

선생님 : 그래. 그런데 불행히도 그 형이 아주 성격이 못돼서 동
생 것도 무력으로 빼앗아가는 거야. 동생은 매일 우는데 부모
님이 간섭을 안 하시네! 이 상황이 넌 어떠니?

서연 : 불공평해요. 부모님께서 어느 정도는 해결해 주셔야죠.

선생님 : 맞아! 근대국가에서도 이런 문제가 발생했단다. 정치적
으로나 경제적으로 국가가 간섭을 안 하려고 하니까 힘없는
사람들은 더욱 불행해지는 거야.

그래서 현대국가는 이런 문제를 보완하기 위해 정치 분야든, 경제 분야든 국가가 어느 정도는 간섭을 한다. 이를 복지국가라고 해.

서연 : 아, 자식이 없는 노인 분들, 고아들…… 이런 사람을 위해 국가가 지원해 주는 거 말이군요?

선생님 : 그래, 잘 이해했구나. 그럼 여기서 문제 한번 풀어 볼까?

문제

다음 중 아래의 법에 대한 내용과 거리가 먼 것은? (2개)

> 국민연금법, 고용보험법, 국민건강 보험법,
> 의료보호법, 아동 복지법

① 국민의 기초생활 보장을 위해 국가가 권력을 행사한다.
② 국가 권력이 과거에 비해 어느 정도 비대해짐을 나타낸다.
③ 시민혁명으로 얻은 국민의 권리이다.
④ 사회적 약자를 보호하기 위해 만든 법이다.
⑤ 관료제와 상비군으로 비대해진 국가로부터 최소한의 국민의 권리를 보호받기 위해 만든 법이다.

서연 : 다 옳은 보기 같은데요.

선생님 : 그렇지? 요즘은 이런 유형의 문제가 대세지. 어찌 보면 쉽고 어찌 보면 무지 어렵고.

첫째 날

둘째 날

셋째 날

넷째 날

다섯째 날

여섯째 날

일곱째 날

서연 : 게다가 아직 법에 대해선 안 배웠는데, 어떻게 답을 찾죠?

선생님 : 이건 법과 관련된 문제가 아니라 역사적 배경과 관련된 문제란다. 자, 문제에서 열거한 법들은 누구를 위한 법이니?

서연 : 국민연금은 나중에 노후를 보장해 주려는 법이고, 고용보험은 실직했을 때를 위한 것이고, 국민건강 보험은 우리가 아플 때 병원 가서 치료받을 때인 것 같고, 의료보호는…… 잘 모르겠고, 아동복지법은 어린 아이를 위한 법인 것 같은데……. 그래도 잘 모르겠어요.

선생님 : 아냐, 너무 잘했어. 법은 우리가 배우지 않았지만 대충이라도 그 의미를 파악했다면 절반은 아는 거란다. 그래서 답이 뭐 같니?

서연 : ①, ②번이요.

선생님 : 왜?

서연 : ①번은 국가가 권력을 행사한다는 말이 좀 이상하고, ②번은 국가권력이 더 커진다면 안 좋은 것 같아서요.

선생님 : 맞아, 보통 다 그렇게들 생각하지. 이 법들이 누구를 위한 법인가가 중요하지. 힘이 세다거나 돈이 많은 사람을 위한 법이 아니고, 국민 상당수에 해당하는 약자들을 위한 법이란다. 그런데 이런 약자들을 보호하기 위한 제도가 만들어진 것은 시민혁명 직후가 아니지.

서연 : 그때는 자유방임이니까 국민생활에 국가가 간섭을 못 하게 되었다고 하셨죠?

선생님 : 그렇지. 그러다가 20세기에 들어오면서 여러 모순을 해

결하기 위해 국가가 어느 정도 권력을 행사해야겠다는 생각을 하게 된 거고, 그런 배경에서 탄생한 것이란다. 그럼 답은 몇 번일까?

서연 : ③번과 ⑤번이요!

선생님 : 그래, 그거야. ③번은 시민혁명 직후라고 해서 틀린 것이고, ⑤번도 언뜻 보면 그럴 듯한데 잘 보면 시민혁명 직후라는 것을 암시하고 있지.

국가권력이란 단어에 대해 필요 이상으로 부정적인 생각을 많이 가지고들 있는데, 그것 역시 잘 쓰면 좋은 거란다. 결국 이 문제는 역사적 배경과 민주주의 체제 성립을 이해했는지 묻고 있는 거지.

서연 : 선생님이 처음에 하신 말씀을 이제 좀 알겠어요. 역사적 배경이 중요하다는 말씀이요.

선생님 : 다행이구나. 네 말대로 오늘 우리는 정치, 법, 경제 등의 원인이 되는 역사적 배경을 알아봤지? 사실 배경을 알면 절반은 아는 것과 다름없어. 그나저나 재미있게 잘 배웠니?

서연 : 예, 너무 재미있었어요! 왠지 자신감이 생기는 거 같아요.

선생님 : 금방 또 까분다. 오늘은 여기까지 하고 내일 다시 만나 얘기하자!

서연 : 네, 고맙습니다. 안녕히 계세요.

첫째 날

둘째 날

셋째 날

넷째 날

다섯째 날

여섯째 날

일곱째 날

둘째 날 | 정치 1

민주주의란
무엇인가

✱테마 1 **민주주의의 근본이념과 기본원리**

✱테마 2 **근대 민주주의와 현대 민주주의의 변화**

민주주의의 근본이념과 기본원리

서연 : 선생님, 저 왔어요.

선생님 : 그래, 어서 오너라!

서연 : 밤새 안녕하셨는지요?

선생님 : 그래. 그런데 갑자기 왜 이러니?

서연 : 제가 뭘요?

선생님 : 평소처럼 해. 갑자기 그렇게 공손하게 나오니까 적응 안 되잖아.

서연 : 그렇죠? 제가 생각해도 그래요. 그래도 제 고마운 마음을 실어 인사한 거랍니다.

선생님 : 하하하, 알았다. 그럼 오늘 이야기를 시작해 볼까?

서연 : 예, 준비됐어요.

선생님 : 오늘은 우리가 살아가고 있는 민주주의가 과연 어떤 체제이고 어떤 제도인지 알아보자. 먼저 민주주의라는 건 무엇일까?

서연 : 국민(民)이 주인(主)인 정치체제를 말해요.

선생님 : 그래, 정말 잘 말했다. 민주주의란 일반 시민이 주인인 체제를 말한단다. 그러기 때문에 민주주의의 최고 이념은 바로 '인간'이란다. 인간존엄성이라는 말은 들어 봤지? 인간을 존중한다는 뜻이지.

서연 : 예. 그런데 좀더 구체적으로 알고 싶어요.

선생님 : 인간존엄성이라는 말을 적용할 수 있는 범위는 아주 넓
지만, 한마디로 말하자면 자유와 평등을 실현하는 것이라고
할 수 있어. 그러니까 인간 존엄성 · 자유 · 평등, 이러한 것
들은 누구나 태어나면서 갖게 되는 기본권리인 천부인권이
란다.

서연 : 하늘이 부여한 권리라고는 하지만 항상 지켜지는 것은 아
니잖아요?

선생님 : 그렇지, 말만으로는 지켜지지 않아. 그래서 여러 가지
법과 제도를 만들었단다. 즉 민주주의 이름하의 모든 것이 존
재하는 이유는 바로 이 인간존엄성의 실현이란다.

서연 : 아, 그러니까 인간존엄성이라는 최고 이념을 지키기 위해
여러 가지 법과 제도를 만들었다, 이 말이군요?

선생님 : 그렇지. 민주주의의 모든 법과 제도는 인간을 위한 것이
어야 한다, 이 말이지. 그래서 미국의 링컨 대통령이 민주주

첫째 날

둘째 날

셋째 날

넷째 날

다섯째 날

여섯째 날

일곱째 날

의의 정부를 '국민의(of the People), 국민에 의한(by the people), 국민을 위한(for the People) 정부'여야 한다고 강조했잖니?

서연 : 어, 들어 보긴 했는데 그게 왜 그리 중요한지는 잘 모르겠어요. 시험 때마다 외우느라 골치만 아파요.

링컨(Abraham Lincoln, 1809~1865년)

선생님 : 저런, 그걸 외우려고 하니 그렇지. 링컨이 한 말은 민주주의 국가의 기본원리와 같다고 볼 수 있는데, 알고 보면 무척 간단한 내용이야. of the People(국민의)에서 전치사 of는 '~의'라는 뜻으로 동격을 의미하지? 그러니까 이것은 '국민의 정부' 즉, '국민 =정부'라는 말이지. 달리 말하면, 국민이 국가의 주인이라는 뜻으로 국민주권을 의미해.

서연 : 그러니까 한마디로 나라의 주인이 국민이고 정부는 국민의 것이다, 이 말이죠?

선생님 : 그렇지. 이번에는 by the people(국민에 의한)에 대해 알아보자. by는 '~에 의한'이라는 뜻이지? 그러니까 이것은

‘국민에 의한 정부’라는 뜻으로 국민자치를 의미해.

서연 : 국민자치가 무슨 뜻인데요?

선생님 : 한자를 잘 보자! 국민자치란 국민(國民)이 스스로[自] 다 스린다[治]는 말이야. 정부(政府)는 정치하는 부서라는 뜻이 잖니? 결국 국민의 의한 정부란 정치를 국민이 하는 것을 의미해.

서연 : 에이, 선생님! 실제로는 국민이 정치를 하는 건 아니잖아 요?

선생님 : 그래, 맞아. 그런데 원칙이 그렇다는 거야. 원래는 국민 이 다 참여해야 하는데, 요즘엔 인구가 많고 영토가 넓어 모 든 국민이 직접 정치를 할 수가 없지? 그래서 국민을 대신해 서 정치할 사람을 뽑아 맡긴단다. 국회나 대통령도 우리 대신 정치하라고 권력을 잠시 맡긴 대표라고 보면 돼. 이것을 대의 정치라고 하지!

서연 : 그런데요, 국민주권과 국민자치는 아직도 좀 헷갈려요.

선생님 : 정말 잘 지적했다. 쉽게 설명해 보자. 권력이라는 칼이 있다고 가정하는 거야. 그런데 이 칼의 ‘주인이 누구이냐’와 또 ‘누가 실제로 사용하느냐’의 차이점이라고 보면 돼. 즉, 권 력이라는 칼의 실제 주인이 국민이라는 개념이 국민주권이 고, 실제로 칼을 국민이 사용하도록 하는 것을 국민자치라고 이해하면 된단다.

서연 : 그러니까 실제 사용권한은 주인인 국민에게 있는데, 그걸 잠시 맡긴다는 뜻인가요?

첫째 날
둘째 날
셋째 날
넷째 날
다섯째 날
여섯째 날
일곱째 날

선생님 : 바로 그거야. 좀 전에도 말했지만, 원칙으로는 국민이
　　　　직접 정치에 참여해야 하는데, 실제로 그러지 못하니까 대표
　　　　를 뽑아 대신 정치활동을 하게 하는 거지. 물론 그런다고 해
　　　　도 우리가 직접 하는 것보다는 못하겠지? 그래서 각 지방마다
　　　　주민들이 스스로 참여해 그 지역의 문제를 해결할 수 있도록
　　　　지방자치제를 운영하기도 한단다.

서연 : 나라 전체의 대표도 뽑고 각 지방별로도 대표를 뽑아 각각
　　　일을 맡긴다는 말이죠?

선생님 : 그렇지. 하지만 그 칼의 주인이 우리라는 사실은 변하지
　　　　않아. 칼을 건네는 순간 주인까지 바뀐다면 도로 가져올 수
　　　　없겠지만 주인이 우리인 이상 줬다 빼앗았다 할 수 있는 자격
　　　　이 있지. 이때 칼을 줬다 빼앗았다 하는 행위를 국민자치라고
　　　　보면 돼. 우린 주로 선거를 통해 권력을 주기도 하고 빼앗기

도 한단다.

서연 : 예, 이제 감이 와요! 그런데 우리가 칼을 빌려 주었는데,
그 칼로 우리를 해치면 어떡해요?

선생님 : 그러니까 칼을 대신 사용할 사람을 잘 뽑아야지. 대표를
잘못 뽑아서 고생하는 국가가 지구상에 얼마나 많은데. 아무
튼 간단히 정리하면 국민주권은 국가의 주인이 국민이라는
것이고, 국민자치는 주인인 우리가 주인 행세를 할 수 있다는
거야. 그러니까 국민주권이 국민자치보다는 더 큰 개념이라
고 보면 되지.

서연 : 알겠어요. 그럼 이제 '국민을 위한 정부' 라는 말이 무슨
뜻인지만 이해하면 되겠네요.

선생님 : 서연이가 한번 얘기해 보렴.

서연 : 민주주의의 정부는 국민을 위해 일해야 한다는 것, 맞죠?

선생님 : 그렇지, 바로 그거란다. 이런 링컨의 말에 기초한 요즘
의 민주주의 국가에서는 4원칙, 즉 국민주권, 국민자치, 입헌
주의, 권력분립을 기본원리로 삼고 있지.

서연 : 어, 입헌주의는 무슨 말인가요?

선생님 : 입헌주의 역시 한자만 잘 풀이하면 쉽게 이해할 수 있
단다. 입(立)은 세운다는 뜻이고 헌(憲)은 국가 최고법인 헌법
을 의미해. 그러니까 입헌주의는 헌법을 세워, 즉 헌법에 입
각해서 정치를 해야 한다는 말이지. 법치주의와도 통하는 말
이란다.

서연 : 그럼 권력분립은요?

첫째 날
둘째 날
셋째 날
넷째 날
다섯째 날
여섯째 날
일곱째 날

선생님 : 이번에는 네가 한번 말해 보렴. 잘 생각하면 그 뜻을 알 수 있을 거야.

서연 : 헤헤헤, 제가 거저먹으려고 했나요? 그렇다면 이번에는 제가 뭔가를 보여 드리죠. 권력(權力)을 분립(分立)한다는 뜻이니까…… 권력이 나눠져 있다는 말, 아닌가요?

선생님 : 그것 봐, 쉽잖아. 그런데 보다 정확히 말하면 국가권력기관, 즉 정부를 하나로 뭉쳐 놓지 않고 3개나 2개로 나뉘어 놓는다는 말이야.

서연 : 왜 그렇게 해야 하나요?

선생님 : 국민에게 해를 끼치는 행동을 하는지 서로 잘 감시하라는 거지. 과거 절대왕정 시기의 정부는 그 규모가 너무 크고 또 정부가 잘못을 해도 감시하는 기구도 없고 하니까 국민들에게 엄청난 고통을 주었지 않았니? 그래서 정부기관을 쪼개어 서로 감시하도록 한 거야.

서연 : 그럼, 3개로 나눈 것은 뭐고, 2개로 나눈 것은 뭐예요?

선생님 : 전자는 입법부·사법부·행정부로 나눈 3권 분립을 말해. 그럼 2개로 나누는 것은 2권 분립이라고 하겠지? 입법부와 행정부가 같이 뭉쳐 있고, 사법부가 따로 떨어져 있는 경우가 여기에 해당돼.

서연 : 뭐가 다른가요?

선생님 : 우리나라나 미국 같은 정부는 3권 분립이야. 입법부를 의회(국회)라고 하는데, 우리는 4년마다 국회의원을 뽑고 행정부의 수반(우두머리)인 대통령을 5년마다 따로 뽑잖니? 즉, 3권

분립인 경우에는 국민이 입법부도 선택하고 행정부도 선택한
단다. 이러한 체제를 대통령제라고도 해.

반면 2권 분립의 대표적인 나라는 영국인데, 이 경우 국민이
입법부만 선택하지. 그러면 입법부를 차지한 의원들의 출신
정당을 보고 가장 많은 의원을 배출한 정당이 행정부 조직까
지 차지하는데, 이런 체제를 의원내각제라고 한단다.

서연 : 의원내각제는 또 뭐예요?

선생님 : 의원은 국회의원을 말하고, 내각은 행정부를 말해. 그러
니까 '입법부(국회)=행정부' 라는 뜻이지.

서연 : 국회의원을 많이 배출한 정당의 의원과 행정부를 구성하
는 정치인들이 거의 같다는 말이군요?

선생님 : 그렇지.

서연 : 그럼 영국은 우리나라에 비해 국회에서 대통령이 있는 행
정부를 감시하는 역할은 비교적 약한 대신, 입법부에서 행정부
를 적극 도와주니까 지금 우리나라처럼 혼란스럽진 않겠네요?

선생님 : 우와, 놀라운데! 대통령제와 의원내각제의 장·단점을
단박에 파악하다니.

서연 : 헤헤헤, 이게 다 선생님 덕분이죠. 이야기를 듣다 보면 저
절로 다 알게 된다니까요.

선생님 : 이런, 겸손하기까지 하다니. 내가 제자 하나는 잘 됐구
나. 네가 말한 것처럼 대통령제나 의원내각제는 같은 민주주
의 체제지만 장·단점은 분명히 있단다. 중요한 것은 얼마나
민주주의라는 제도를 잘 운영하는가에 달려 있어.

첫째 날
둘째 날
셋째 날
넷째 날
다섯째 날
여섯째 날
일곱째 날

서연 : 그런데 선생님, 사법부는 왜 특별 취급을 하나요? 마치 왕따 같아요.

선생님 : 왕따라고? 하하하, 정말 그렇구나. 그런데 사법부는 재판하는 부서인데, 입법부나 행정부와 친하면 어떻게 되겠니? 무엇보다 재판이 공정해질 리 없겠지? 예를 들어, 대통령이 큰 잘못을 했는데, 사법부가 행정부와 친하다거나 눈치를 본다면 대통령에게 벌을 줄 수 있을까?

서연 : 아, 그러니까 사법부는 공정한 재판을 위해 그 어떤 부서하고도 친하면 안 된다는 말이군요?

선생님 : 그래, 바로 그거야. 이쯤에서 표를 하나 보자. 3권 분립을 보기 좋게 정리해 놓은 거란다.

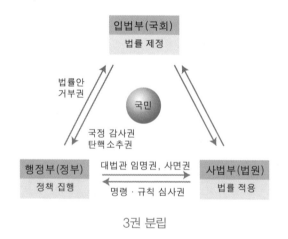

3권 분립

서연 : 음, 이제 깔끔하게 정리가 되는군요.

선생님 : 그렇다면 여기서 퀴즈 하나! 현재의 모든 법·제도·원

칙 등등의 목적은 무엇일까요?

서연 : 인간존엄성의 실현요!

선생님 : 그래, 맞았어. 잘 기억하고 있구나. 그건 절대 잊어서는
안 돼. 그래야 앞으로 배울 제도나 법 등을 이해할 수 있단다.
그럼 이번에는 문제를 하나 풀어 보자!

첫째 날

둘째 날

셋째 날

넷째 날

다섯째 날

여섯째 날

일곱째 날

문제

다음 글은 미국의 링컨 대통령이 한 연설의 일부이다. 이 글에
서 지향하고 있는 정신이 아닌 것은?

> "나는 노예가 되고 싶지 않은 것처럼 주인도 되고 싶지 않다. 이
> 것이 민주주의에 대한 나의 생각이다. 이와 다른 것은, 그 다른
> 정도만큼 민주주의가 아니다. 국민의, 국민에 의한, 국민을 위한
> 정부는 이 땅에서 결코 사라지지 않을 것이다."

① 국민이 주인이 되는 국가를 만들고자 하였다.
② 민주주의 이념에 그 토대를 두고 있다.
③ 영국의 권리청원이나 권리장전과 같은 맥락에서 파악할 수
   있다.
④ 위의 연설에서 링컨이 만들고자 하는 국가는 자유와 평등이
   보장되는 국가이다.
⑤ 민주주의 이념에 입각하여 통치가가 나라를 다스리는 것 자
   체를 반대하였다.

서연 : 제가 풀어 볼게요. ①번은 국민주권을 말하니까 지당한 말

55

쓰임이고, ②번은 당연하고, ③번은 시민혁명을 말하는 것 같고, ④번은 '노예가 되고 싶지 않다' 라는 말이 곧 자유와 평등을 가리키는 듯하고, ⑤번은 민주주의 이념과 통치자란 말은 왠지 안 어울리니까 맞을 테고⋯⋯. 그럼 ③번이다.

맞죠, 선생님? 영국에서 일어난 시민혁명은 프랑스혁명과는 차원이 좀 다르다고 하셨잖아요!

선생님 : 하하하! 이젠 정말 잘 푸는구나!

서연 : 거봐요, 맞죠? 헤헤헤.

선생님 : 아니, 틀렸단다. ③번 보기를 보면 '같은 맥락에서' 라는 말이 나와. 즉, 같은 흐름이라는 거야. 즉 시민혁명의 흐름을 이어받았다는 말이 되므로 맞는 답이란다.

서연 : 그럼, 답이 없잖아요?

선생님 : 없긴, ⑤번이 정답이야. 선생님이 얘기한 적이 있는 것 같은데? 단어 하나에 너무 큰 의미를 두면 오히려 실수할 수 있다고 말이야. 중요한 것은 문장 전체의 의미란다.

통치자란 우리가 흔히 말하는 정치가를 가리켜. '통치(統治)' 를 억압하며 다스리는 것으로 오해하면 안 된다. 본래는 '큰 줄기, 즉 전체적으로 다스린다' 는 의미이거든. 대통령이라는 말에도 통치라고 할 때의 '통' 자를 쓴단다. 이제 ⑤번 보기를 다시 한 번 보렴.

서연 : 민주주의 원리에 따라 나라를 다스리는 것을 반대한다고 했으니까 ⑤번이 틀린 말이네요.

선생님 : 그렇지.

근대 민주주의와 현대 민주주의의 변화

첫째 날

둘째 날

셋째 날

넷째 날

다섯째 날

여섯째 날

일곱째 날

서연 : 점점 나아지고 있는 것 같아 기분이 좋긴 해요. 그런데요, 근대 민주주의와 지금의 민주주의가 많은 차이가 있다고 하셨는데, 무엇이 다른지 알고 싶어요.

선생님 : 내 그럴 줄 알았다. 이제 그게 궁금할 때도 되었지. 우선 근대부터 알아보자꾸나. 음, 그러니까……

서연 : 선생님, 설명하기가 어려우신가 봐요? 그렇게 뜸을 들이시는 걸 보니.

선생님 : 말 끊지 마라. 어려워서 그런 게 아니라 생각을 정리하는 중이란다.

서연 : 앗, 죄송해요.

선생님 : 그래, 용서해 주마. 하하하. 우선 이걸 한번 생각해 보렴. 시민혁명 당시 왕이나 귀족들이 순순히 권력을 시민들에게 내주었겠니?

서연 : 그럴 리가 없죠. 아마도 많은 사람들이 죽고 다쳤을 거예요. 그렇죠?

선생님 : 그래. 그래서 '민주주의는 피를 먹고 자란다' 라는 말이 있을 정도지. 그런데 당시 시민들이 그렇게 목숨을 걸면서까지 원한 것은 무엇이었을까?

서연 : 자유요! 아까 말씀하셨는데……

선생님 : 잘 기억하고 있었구나. 아무튼 그렇게 어렵게 얻은 까닭

에 당시 민주주의는 시민이 요구하는 대로 무한대의 자유를
주었단다.

그럼 당연히 국가기관의 권력은 줄어들 수밖에 없었겠지? 그
래서 당시의 국가를 야경국가(夜警國家)라고도 하지.

서연 : 그게 무슨 뜻인데요?

선생님 : '밤 야' 자에 '경찰 경' 자를 쓰는 데서 알 수 있듯이, 밤
에 많이 일어나는 도둑이나 범죄로부터 국민을 보호하는 경
찰처럼, 국가는 보이지 않게 국민의 재산과 생명을 보호해 주
는 역할만 하라는 비유적인 표현이지.

근대 민주주의 체제의 모순점

선생님 : 그런데 그러고 보니까 문제가 생긴 거야. 그게 뭘까?

서연 : 어제 말씀하신 대로 약한 사람들이 보호를 받지 못한다는
것 아닌가요?

선생님 : 잘 기억하고 있구나. 구체적으로 예를 들어 보자. 당시
는 농경사회에서 산업사회로 바뀌는 상황이었기 때문에 대부
분의 농민이 취직하기 위해 공장 주변으로 모여들었단다.

그런데 어느 공장 주인이 노동자들에게 하루 12시간 이상 일
을 시키면서 월급은 아주 조금만 주는 거야. 요즘 우리나라 돈
으로 쳐서 한 50만원쯤 될까? 게다가 너무 힘든 나머지 잠시
졸다가 기계에 손이라도 잘리게 되면 가차 없이 해고시켜 버
리는 거지.

서연 : 그런 경우가 어디 있어요. 말도 안 돼요.

선생님 : 그래, 말도 안 되지. 그래도 그것은 공장 주인의 자유라서 국가가 어떻게 하지 못했단다. 공장 주인은 만약 그런 조건이 싫으면 공장을 그만두라고 주장했어. 그건 노동자들의 자유라는 식이었지. 그렇다고 해서 공장 주인이 범죄를 저지른 것은 아니잖니?

서연 : 그래도 너무한 것 같아요. 당시 노동자들이 불쌍해요.

선생님 : 그렇지? 아무튼 당시는 그랬어. 그러니 빈부 격차가 심해지고 계층 간의 위화감이 커지는 등 사회갈등이 심화되었고, 환경오염 역시 심각했지.

서연 : 그러면 정부는 뭘 하고 있었나요? 처벌 같은 건 전혀 안 했나요?

선생님 : 당시엔 법 역시 무한대의 자유를 위한 것이었어. 그러니 처벌을 할 수도 없었지.

서연 : 자유는 참 좋다고만 생각했는데, 무서운 것이기도 하네요.

선생님 : 참 잘 지적했다. 네 말대로 자유는 분명 아름다운 말이지만, 그 속엔 무서움이 숨어 있지. 아무튼 당시는 가진 자들에겐 천국이었던 셈이야.

그런데 이런 문제들이 너무 심각해지니까, 마르크스라는 사람이 사회주의(社會主義) 이론을 내세워 개인의 소유를 금지하고 공동생산·공동분배하는 체제를 주창하고 나섰단다. 이 이론을 바탕으로 성립된 경제체제가 바로 공산주의(共産主義)

첫째 날

둘째 날

셋째 날

넷째 날

다섯째 날

여섯째 날

일곱째 날

이지. 물론 지금은 공산주의 체제를 도입하는 나라들이 사라지고 있지만…….

마르크스(Karl Heinrich Marx, 1818~1883년)

 현대 민주주의의 성립

서연 : 그런데 어떻게 요즘의 민주주의로 변하게 되었나요?

선생님 : 결정적으로 가진 자들에게도 피해를 주는 사건이 전 세계에 걸쳐 발생했기 때문이란다. 그러자 뭔가 수정하고 보완해야 할 필요가 있다고 깨달은 거지.

서연 : 그 사건이 뭔데요?

선생님 : 바로 경제대공황(1929년)이야. 기업들은 적은 월급을 주며 대량으로 물건을 생산하기에 바빴단다. 그런데 어느 시점부터 물건이 더 이상 팔리지 않는 거야. 왜 그랬을 것 같니?

서연 : 물건을 너무 많이 만들어 더 이상 필요한 사람이 없었던 게 아닌가요?

선생님 : 그럴 수도 있겠구나. 그런데 그보다 더 큰 이유가 있었

단다. 일반 시민들이 가진 것이 있어야 물건을 사지 않겠니?

서연 : 아하, 월급이 쥐꼬리보다 적으니 물건을 살 여유가 없었던 거로군요.

선생님 : 그렇지. 그러다 보니 기업은 망하고, 기업이 망하니까 실업이 생기고, 실업이 증가하자 정부는 세금을 제대로 걷을 수 없어 상황이 점점 악화되었던 것이지. 가진 자들이 자기들만 더 많이 가지려고 하다가 결국엔 모두 함께 망하는 결과를 낳은 거야.

서연 : 그렇게 욕심을 부리더니…… . 그래서 어떻게 수정·보완되었나요?

선생님 : 일단 가진 자들의 '무제한 자유'를 어느 정도 제한해야 했겠지? 그러기 위해 정부는 법을 바꾸었어. 그리고 법을 어

첫째 날

둘째 날

셋째 날

넷째 날

다섯째 날

여섯째 날

일곱째 날

기면 처벌해야 했으니까 정부의 힘은 더 커졌지.

서연 : 정부의 권력이 커졌다고 다시 예전의 절대왕정으로 돌아
간 건 아니겠죠?

선생님 : 그럼. 정부의 힘이 커져야 했던 이유를 생각해 봐. 힘없
고 어려운 사람을 돌보기 위한 것이잖아. 이처럼 국민 전체의
행복을 추구하는 국가를 복지국가라고 해. 대표적인 복지국
가로는 노르웨이와 스웨덴을 들 수 있는데, 이들 나라에서는

대공황(1929년) 당시 혼란에 빠진 미국의 모습

친절한 카리스마 --

자본주의 경제체제가 성립된 이래 최초의 공황은 1825년 최초의 자본주의
국가인 영국에서 발생했습니다. 그 후 자본주의가 확산되면서 한 나라의
공황은 다른 나라에도 영향을 미쳐 1857년에는 세계적인 규모의 첫 공황
이 일어나지요. 이후로도 약 10년을 주기로 세계공황이 발생했답니다.
그러다가 1929년에는 사상 최대 규모의 대공황이 발생했는데, 그 시작 지
점이 바로 사진 속의 거리, 월스트리트입니다. 월스트리트는 미국 뉴욕에
있는 거리로 증권거래소를 비롯해 증권회사, 대형은행들이 모여 있는 곳이
지요. 당시 기업들이 망하자 주가가 대폭락해 혼란에 빠진 사람들이 거리
로 뛰쳐나오고 있는 모습입니다.

노인이나 고아, 실업자, 장애인 등의 어려운 사람들이 국가의
도움으로 별 어려움 없이 살아가고 있단다.

서연 : 맞아요, 엄마가 그런 나라들을 보며 부럽다고 말하는 걸
들은 적이 있어요.

선생님 : 그래. 지금 많은 나라들이 보다 완전한 복지국가가 되기
위해 노력하고 있단다. 아무튼 그나마 다행이라는 생각이 드
는구나. 만일 지금도 근대 민주주의 체제가 유지되고 있다면
수많은 사람들이 여전히 고통받으며 살아가고 있을 테니까.

서연 : 정말 그래요.

선생님 : 그럼 이제 문제를 하나 풀어 봐야겠지?

첫째 날
둘째 날
셋째 날
넷째 날
다섯째 날
여섯째 날
일곱째 날

문제 ▮▯▮▯▮▯▮▯▮▯▮▯▮▯▮▯▮▯▮▯▮

**야경국가에서 현대 복지국가로 국가관이 바뀐 이유에 해당하
지 않는 것은?**

① 경제 대공황 등으로 자유방임주의에 대한 불안이 커졌기 때
문이다.

② 빈부 격차의 심화에 따라 국민복지 증진의 필요성이 제기되
었기 때문이다.

③ 급격한 사회 · 경제적 변화로 인해 여러 사회 문제들이 나타
났기 때문이다.

④ 자유방임의 원리를 적용하는 것이 항상 최상의 결과를 가져
오지는 않기 때문이다.

⑤ 국가 권력이 비대해지면서 시민의 자유를 침해받는 상황이
점차 증가하였기 때문이다.

서연 : 이건 근대적 국가에서 현대국가로 바뀐 이유를 묻는 문제로군요.

선생님 : 그렇지.

서연 : ①번은 아까 선생님의 설명을 들었으니 확실히 맞고, 국가가 너무 자유롭게 두었기 때문에 빈부 격차가 심해졌다고 했으니, ②번도 맞아요. 그리고 ③번에서 급격한 사회·경제적 변화라…… 이건 잘 모르겠어요. ④번 보기는 ①, ②번과 같은 내용이고 ⑤번, 국가권력이 비대해지면서……? 선생님, '비대' 가 뭐예요?

선생님 : 일정한 범위를 넘어서 커진다는 뜻이야.

서연 : 그럼 맞네요. 절대왕정 때문에 시민이 혁명을 일으킨 거니까. 그럼 아까 보류했던 보기 ③번을 다시 보아야겠군요. 급격한 사회·경제 변화가 뭐죠? 에이, 모르겠다. 선생님, ⑤번이 답 같아요.

선생님 : 문제 푸는 능력이 점점 나아지고 있구나. 분석하는 능력, 합리적으로 사고하는 능력도 점점 느는 것 같고. 그런데 어쩌지? 답은 틀렸네.

서연 : 뭐예요? 칭찬해 주시고 결과는 늘 틀리고…….

선생님 : 여기서 내가 풀자고 하는 문제들은 많은 학생들이 틀리는 문제란다. 설마 내가 누구나 맞히는 문제를 풀자고 하겠니? 중요한 건 '문제에 어떻게 접근하는가' 이지. 서연이는 문제의 의도는 잘 파악해 놓고 중간에 그걸 잊고 말았어.

서연 : 제가요?

선생님 : 그래, 보기 ③번의 '급격한 사회 · 경제 변화'는 시민혁명과 산업혁명을 의미해. 그래서 정치적으로는 자유방임적 민주주의가 나타나고, 경제적으로는 시장경제가 나타났잖니. 하지만 그 부작용이 심해지니까 이를 극복하기 위해 현대국가 체제로 수정 · 보완한 것이고.

그런데 서연이가 잘 설명한 것처럼 ⑤번은 절대왕정 체제의 폐단에 맞서서 시민혁명이 일어난 배경을 설명하는 거잖니?

서연 : 아, 그렇군요. 그러니까 시민혁명이 일어난 것은 맞는데, 그 후에 나타난 국가는 근대 민주주의 체제였죠. 문제는 근대 국가가 현대국가로 변하게 된 이유를 묻는 거니까, 정답은 ⑤번이겠네요.

선생님 : 바로 그거야. 그럼 마지막으로 질문 하나 해볼까?

서연 : 뭔데요?

선생님 : 오늘 우리는 무엇에 대해서 이야기했지?

서연 : 민주주의요!

선생님 : 조금만 더 구체적으로 말해 보자. 민주주의의 뭐에 대해서 이야기했지?

서연 : 어, 그러니까…… 민주주의가 뭔지, 민주주의가 어떻게 변해 왔는지, 이런 거 아닌가요?

선생님 : 맞았어. 그런데 뭔가 부족하다는 생각이 들지 않니? 서연이가 민주주의에 대해 다 알았다고 말하기에는 뭔가 부족함이 있지 않느냐는 말이야.

서연 : 글쎄요, 제가 뭘 더 알아야 할까요? 아, 민주주의가 구체

첫째 날

둘째 날

셋째 날

넷째 날

다섯째 날

여섯째 날

일곱째 날

적으로 어떤 모습으로 나타나는지 알았으면 좋겠어요. 그러
니까 구체적인 제도에 대해서 말이에요.

선생님 : 그래, 그게 바로 내일 우리가 알아볼 내용이란다.

서연 : 예, 내일도 재미있는 이야기 기대할게요, 선생님.

선생님 : 그래, 내일 보자.

서연 : 안녕히 계세요.

셋째 날 │ 정치 2

민주주의의 여러 제도

＊테마 1 **법치주의와 정부**

＊테마 2 **의회제도(국회)**

＊테마 3 **선거제도**

＊테마 4 **정당**

＊테마 5 **행정부**

＊테마 6 **지방자치제**

＊테마 7 **정치과정과 시민의 참여**

법치주의와 정부

서연 : 선생님, 저 왔어요!

선생님 : 어서 오너라. 거기 앉아 잠깐만 기다리렴.

서연 : 바쁘신가 봐요, 얼굴도 안 보시고…….

선생님 : 미안하다. 급하게 메일 보낼 게 있어서……. 이제 다 됐
다. 그런데 이 친구는 누구니?

서연 : 우리 반 친구예요. 선생님께 매일 사회 이야기를 듣는다
고 했더니, 너무 부러워해서 데려왔어요. 애도 특히 정치 부
분이 어렵대요.

용석 : 안녕하세요? 용석이라고 합니다. 미리 말씀도 드리지 않
고 불쑥 찾아와 죄송합니다.

선생님 : 아니다, 잘 왔다. 예의가 아주 바른 친구구나. 그리고
서연이가 친구를 생각하는 마음도 예쁘고.

서연 : 그렇죠? 히히히.

선생님 : 그래, 오늘은 무슨 이야기를 한다고 했지?

서연 : 민주주의의 여러 제도에 대해 말씀해 주신다고 하셨어요.

선생님 : 그래, 잘 기억하고 있구나.

선생님 : 민주주의의 원리 중에 입헌주의라는 말 기억하니?

서연 : 네, 헌법의 정신과 내용에 따라 정치를 해야 한다는 뜻이
잖아요.

용석 : 와, 서연이 너 대단하다.

선생님 : 걱정 마라, 너도 곧 그렇게 될 테니. 아무튼 서연이가 잘 말해 주었다. 그런데 입헌주의는 법치주의(法治主義)와 같은 의미라고 할 수 있어. 법으로 정치를 한다는 개념이란다. 다시 말하면 법이 없으면 정치도 할 수 없다는 뜻이지.

　　어제 배운 권력분립의 원리 기억하지? 입법부 · 행정부 · 사법부로 국가기관을 나눈다고 한 것 말이야.

서연 : 네, 서로 견제하라고 권력을 나누었다고 하셨지요.

선생님 : 그래. 이 세 기관의 명칭을 가만히 들여다보렴. 이름이 모두 법과 관련되어 있다는 걸 알 수 있지? 하는 일도 마찬가지란다. 하나하나 살펴보자.

　　입법부(立法府)는 법을 만드는 곳이야. 그러니까 입법부가 하는 일은 법률제정이 되겠지. 행정부(行政府)가 하는 일은 법을 실행에 옮기는 것 즉, 법률집행이야. 사법부(司法府)는 법률로 잘잘못을 가리는 일, 즉 법률적용을 하는 곳이지.

용석 : 일단 말이 어려워 외우기가 쉽지 않겠어요.

선생님 : 서연아, 이럴 때 선생님이 하는 말 있지?

서연 : "외우긴 뭘 외워" 말인가요?

선생님 : 맞다. 무작정 외우려 드는 건 좋은 습관이 아니야. 말의 뜻을 이해하겠다는 자세가 더 중요하지. 용석이도 금방 알게 될 거다. 그럼 이제 자세히 풀이해 보자.

용석 : 예.

선생님 : 법이 없으면 사회질서가 사라져 그야말로 엉망이 되겠

첫째 날

둘째 날

셋째 날

넷째 날

다섯째 날

여섯째 날

일곱째 날

69

지? 그러면 이처럼 중요한 역할을 하는 법을 만드는 곳이 있어야 할 텐데, 그게 바로 입법부야. 여기에서 입법은 법을 세운다[立]는 뜻이니까 결국 만든다는 말이겠지?

용석 : 법을 제정한다는 말도 같은 뜻이겠군요.

선생님 : 그렇지. 거기서 법률제정이라는 말이 나오는 거지.

법을 만들었으면 이제 실행에 옮겨야겠지? 예를 들어, '횡단보도는 파란불이 들어올 때 건너라'는 도로교통법을 만들었다면 실천에 옮기도록 해야 할 거야. 만들기만 하고 실행에 옮기지 않으면 소용이 없으니 말이야. 이때 사람들이 실제로 법을 실천 · 실행하도록 하는 것을 법률집행이라고 해. 집행의 행(行)자가 '실행하다'는 뜻이니까.

서연 : 행정부의 첫 글자와도 같겠군요.

선생님 : 맞아. 그래서 법률을 집행하는 기관의 이름이 행정부인 거야.

그런데 신호등에 파란불이 들어와 사람이 길을 건너는데, 자동차가 신호를 무시하고 지나다가 사람을 치어 다치게 했다고 하자! 그럼 운전자를 어찌해야 하겠니? 처벌해야겠지? 그래서 이런 사람의 잘잘못을 가려 벌을 내리는 곳을 사법부라고 하는 거야. 사법부의 '사(司)'는 잘잘못을 가린다는 뜻이란다.

서연 : 그래서 사법부가 하는 일을 법률적용이라고 하는군요.

선생님 : 그렇지.

용석 : 이제 알겠어요. 그러니까 정부기관 3곳의 명칭은 각각 법

올 어떻게 하는 곳이냐에 따라 지어진 것이군요.

선생님 : 그렇지. 그럼 알기 쉽게 표로 간단히 정리해 볼까?

국가권력기관	하는 일
입법부 = 국회(의회)	법률제정
행정부	법률집행
사법부 = 법원	법률적용

국가권력기관

의회제도(국회)

선생님 : 이번에는 좀 더 구체적으로 알아보자. 왜 국회에서 법을 만드는 걸까?

서연 : 그거야 그렇게 하기로 정했기 때문 아닌가요?

선생님 : 뗙! 민주주의 정부에 대해 배우는 사람이 아무 생각 없이 그런 말을 하다니! 조금만 생각해 보렴. 국회(國會)에서 일하는 이들은 어떤 사람들이지?

용석 : 국회의원들이요.

선생님 : 그렇지. 국회의원들은 바로 국민을 대표하는 사람들이잖니. 다시 말해 법을 만드는 아주 중요한 일을 하라고 국민이 뽑아 국회로 보낸 사람들이야. 이들은 법을 만드는 일 외에도 국가의 중요한 일을 의논하고 회의해서 결정하는 역할을 한단다. 결국 법은 국민을 대표하는 국회에서 만들 수밖에 없는 것이란다. 다른 곳에서는 절대 할 수도 없고, 해서도 안 되는 것이지.

용석 : 그런데 뉴스에서 보니까 대통령이 어떤 법의 개정안을 국회에 제출했다던데요? 행정부에서 법을 만들기도 하나요?

선생님 : 아, 그건 행정부에서 일을 하다가 문제가 생기거나 필요하다는 생각이 들 때, '이런 법률을 이렇게 바꿔 주세요' 혹은 '이런 법률을 만들어 주세요' 라고 국회에 부탁하는 거란다. 물론 결정권은 국회가 가지고 있지.

서연 : 음, 그렇다면 국민을 위한 법을 만들 수밖에 없겠네요. 그런데 왜 국회 관련 뉴스를 보면 짜증이 날까요?

선생님 : 그건 우리 국민이 국회의원들을 잘못 뽑아서 그런 거야. 아직까지 우린 선거권 행사를 제대로 못 하고 있는 셈이지.
　　　선생님이 만난 원희룡 국회의원은, 국회가 제 역할을 해야 정치가 발전하기 때문에 국민이 국회의원을 잘 뽑아야 하는 것은 물론이고 뽑은 뒤에도 잘하는지 관심을 가지고 지켜봐야 한다는 걸 강조하면서 이런 말을 했단다. '국민은 호랑이이다. 그러니까 정치인들에게 호랑이가 살아 있다는 걸 보여 주어야 한다.'

용석 : 정치인은 국민을 무서워해야 하고, 국민은 정치인이 무서워하도록 감시를 해야 한다는 말인가요?

선생님 : 그래, 바로 그거야.

용석 : 국회의원은 모두 몇 명이나 되죠?

선생님 : 우리나라에는 모두 299명의 국회의원이 있는데, 그 중 243명은 각각 특정 지역의 대표로 출마해 그 지역민이 투표로 뽑고, 나머지 56명은 비례대표제로 국회의원이 된단다.

서연 : 예? 국민이 전부 뽑는 게 아니에요?

선생님 : 비례대표제는 정당의 득표율에 따라 각 정당에서 임명하는 거야. 그러니까 결국은 국민이 뽑는 것이라고 할 수 있어. 다만 방법이 다를 뿐이지.

용석 : 왜 비례대표제를 하나요?

선생님 : 교통·통신이 발달하면 우리나라처럼 영토가 좁은 나

첫째 날

둘째 날

셋째 날

넷째 날

다섯째 날

여섯째 날

일곱째 날

라는 각 지역의 특색이 점점 사라지지. 그러니까 특정 지역을 대표하는 국회의원도 필요하지만 지역에 상관없이 국가 일을 처리할 수 있는 국회의원도 있어야 해. 그래서 비례대표제로 의원이 된 사람을 전국구의원이라고 한단다.

용석 : 그럼 지역 대표로 선출되는 의원은 지역구의원이겠네요?

선생님 : 어, 굉장한데! 맞아, 전국구의원과 구분하기 위해 그렇게 부른단다.

서연 : 비례대표제는 구체적으로 어떻게 선출하는 거예요?

선생님 : 각 정당의 득표수에 비례하여 당선자 수를 정하는 것을 비례대표제라고 한다고 했지? 예전에는 각 정당에서 지역구의원으로 당선된 의원의 수에 비례해서 전국구의원을 뽑았는데, 요즘에는 국회의원 선거를 할 때 지역구의원과 함께 맘에 드는 정당에 각각 투표를 해서 정당별로 득표한 수에 비례해서 뽑는단다. 그러니까 한 사람이 2표를 행사하는 거지.

용석 : 비례대표제를 왜 하는지는 알겠지만, 꼭 해야 하는 것은 아니잖아요. 특별히 좋은 점이라도 있나요?

선생님 : 용석이가 이제 우리 이야기 방식을 완전히 파악했구나. 좋은 질문이야. 우선 국민이 어느 정당을 지지하는지 알게 해 주지. 그리고 지역구에서 당선된 의원이 적은 소수당에게 약간의 국회의원 자리를 배정해 힘을 실어줄 수도 있어.

서연 : 그러니까 정리를 하자면, 국회는 국민이 뽑은 대표들이 모여 있는 곳이고, 가장 중요한 임무는 국민을 위한 법률을 만드는 것이라고 알면 되겠네요.

선생님 : 그렇지.

서연 : 그럼 그 외에 하는 일은 뭔가요?

선생님 : 또 한 가지의 중요한 책임은 행정부를 견제하는 거야. 나라 살림을 도맡아 하는 행정부가 일을 제대로 하는지 사사건건 감시하고 바로잡는 일이지.

용석 : 왜 그렇게 하는 거죠? 행정부도 국민을 위해 일하는 곳이 잖아요.

선생님 : 그렇긴 하지만 권력을 갖고 있기 때문에 감시를 하지 않으면 국민을 괴롭힐 수도 있지 않겠니? 그러니 민주주의 국가의 주인인 국민을 대표하는 국회에서 감시하는 것이란다.

서연 : 구체적으로 어떤 방법으로 감시를 하나요?

선생님 : 우선 행정부의 수장인 대통령을 탄핵소추(대통령 등 고급 공무원을 처벌·파면하는 것)할 수 있고, 국군의 해외파견에 동의

첫째 날

둘째 날

셋째 날

넷째 날

다섯째 날

여섯째 날

일곱째 날

국회의사당

하거나 반대할 수 있어. 또 예산(국가의 다음해 지출과 수입을 미리 정한 것)을 결정하고, 행정부의 공무원들을 불러다 청문회를 열어 의심나는 것을 물어 볼 수 있고, 행정부가 제대로 일을 했는지 국정을 감사할 수 있단다. 이 모든 것이 국회의 권한이지.

서연 : 생각보다 하는 일이 많군요.

선생님 : 그렇지? 국회의원은 하는 일도 많지만 그 하나하나가 매우 중요하기 때문에 국회의원을 뽑을 때에는 신중해야 하지. 자. 이쯤에서 문제 하나 풀어 봐야겠지?

문제 ▮ ▮ ▮ ▮ ▮ ▮ ▮ ▮ ▮ ▮ ▮ ▮ ▮ ▮ ▮

다음 〈보기〉에서 의회제도에 대한 바른 설명을 모두 고른 것은?

> 가. 의회는 법률을 제정하는 역할을 한다.
> 나. 의회제도는 직접 민주정치의 한 방법이다.
> 다. 의회는 재정입법권, 국정통제권 등의 권한을 갖는다.
> 라. 우리나라 국회의원은 지역구의 의원과 전국구의원으로 구성된다.
> 마. 전국구의원은 각 선거구에서 가장 표를 많이 얻은 대표자 1명을 선출하는 방법으로 결정된다.

① 가, 나, 다   ② 가, 나, 마
③ 가, 다, 라   ④ 가, 나, 라
⑤ 가, 다, 라, 마

서연 : ㉮는 국회의 가장 중요한 본질이고, ㉯는…… 무슨 말인지 잘 모르겠어요. ㉰는 의회가 행정부를 견제한다고 했으니까 맞는 것 같고, ㉱도 당연히 맞고, ㉲는 틀렸어요. 전국구의원은 투표로 선출되는 사람이 아니죠. 그렇다면 저는 확실히 맞는 것만 고른 ③번을 답으로 선택할래요.

선생님 : 음, 드디어 서연이가 한 번에 답을 맞혔네. 그런데 ㉯의 의미를 잘 모르겠다고?

서연 : 예, 직접 민주정치라는 말이 무슨 뜻인지 잘 모르겠어요.

선생님 : 말 그대로 국민이 직접 정치를 한다는 말이지. 그런데 의회제도는 국민을 대신해 정치할 사람을 뽑는 제도라고 했지? 그러니 우리가 직접 정치를 하는 것은 아니잖니? 그러니까 간접 민주정치인 게지. 정치를 대신한다고 해서 대의정치라고도 하고.

용석 : 선생님, 그럼 직접 민주정치 방법에는 어떤 게 있나요?

선생님 : 대표적인 것은 국민에게 직접 의견을 물어 보는 국민투표가 있단다. 그런데 국민투표는 국가의 중요한 일을 국민에게 물어 다수결의 원리로 해결하기 때문에 신중하게 행사해야 하지.

용석 : 다수결의 원리를 따르는 데 왜 신중해야 하나요?

선생님 : 아주 위험한 경우가 많기 때문이야. 아주 쉬운 예로, 젊은 층을 위한 정책을 국민투표로 결정할 경우 나이 드신 분들의 반대가 있을 수 있지 않겠니?
무엇보다도 '진리'에 관계되는 부분은 문제가 되지. 말을 잘

첫째 날

둘째 날

셋째 날

넷째 날

다섯째 날

여섯째 날

일곱째 날

하는 정치인들이 국민투표 전에 자신의 주장을 뒷받침하는 연설을 하면 국민이 여기에 흔들려 이상한 방향으로 결정이 날 수도 있단다. 과거 히틀러가 전쟁을 하기 위해 국민에게 연설을 한 후 국민투표를 하자 전쟁에 찬성하는 표가 90% 이상 나왔단다.

용석 : 와, 정말 신중히 해야겠네요.

선생님 : 그럼! 국민투표 전에 충분한 대화와 토론을 거치는 것은 물론 국민이 판단하는 데 부족함이 없는 정보를 미리 줘야 한단다.

아무튼 민주주의에서 다수결의 원리가 무조건 최선은 아니라는 점, 그리고 가장 중요한 자세는 충분한 대화와 토론, 양보와 타협이라는 거 잊지 마라!

첫째 날

둘째 날

셋째 날

넷째 날

다섯째 날

여섯째 날

일곱째 날

용석 : 이제 선거가 중요하다고 하는 이유를 알 것 같아요.

선생님 : 그래, 선거는 민주주의의 잣대가 되기도 한단다. 지구 상의 거의 대부분의 나라가 민주주의 체제를 도입하고 있지 만, 실제로 정말 잘 운영하고 있는 국가는 그리 많지 않지. 한편으로 선거는 민주주의의 축제이기도 해.

서연 : 맞아요, 선거일이 되면 학교에 안 가도 되니까 축제라고 할 만하죠.

선생님 : 이런, 놀 생각만 하는구나.

서연 : 히히히. 하지만 앞으로는 좀 더 관심을 가져야겠어요. 선 생님 말씀을 듣다 보니 선거가 단순히 우리의 대표를 뽑는 이 상의 의미를 가지는 것 같으니까요.

선생님 : 우와, 정말 놀라운데! 우리 서연이가 날로 생각이 깊어 지는구나. 그래, 어떤 의미가 있는 것 같니?

서연 : 선생님 말씀대로 민주주의가 얼마나 성숙했는지도 보여 주잖아요.

용석 : 그리고 국민이 정부나 국회에 대해 어떻게 생각하고 있는 지도 보여 주는 것 같아요.

선생님 : 그래, 둘 다 정말 잘 말했다. 선거는 우리의 대표를 뽑 는 것이지만, 국민이 어떤 생각을 하고 있는지를 나타내기도 하지. 그래서 그동안 국회나 정부가 한 일에 대한 국민의 심

판이 되기도 한단다.

용석 : 심판이라고요? 그러니까 상당히 무서운 것 같아요.

서연 : 하지만 선거일에는 그런 느낌은 전혀 받지 못했는데…….

선생님 : 하하하! 그래, 실제 선거에서 그런 분위기를 느낄 수는 없지. 하지만 선거를 통해 국민이 그동안 어느 정당이 잘했다 혹은 잘못했다고 생각하는지 나타나기 때문에, 선거는 국민이 정부를 통제하는 중요한 수단인 거지.

서연 : 선거를 할 땐 정말 신중히 생각해야겠네요. 그런데 아빠가 하시는 말씀을 들어 보니, 어떤 사람은 고향이 경상도라서 이 '당'을 찍고, 또 어떤 사람은 전라도라서 저 '당'을 뽑는 게 제일 문제라던데요.

선생님 : 그래, 아주 심각한 문제지. 그런 식으로 하면 선거가 본래의 기능을 못 하게 되니까.

용석 : 그런데 선생님, 선거의 4대원칙이라는 게 있던데, 그건 뭐죠?

선생님 : 선거에 있어서 반드시 지켜야 하는 원칙 4가지를 가리키는 말인데, 보통·평등·직접·비밀의 원칙이란다. 요즘은 4원칙이 거의 잘 지켜지고 있지만 과거엔 문제가 많았지.

서연 : 각각 무슨 뜻인지 설명해 주세요.

선생님 : 보통선거란 선거자격을 말하는데, 신분이나 재산 등에 차별을 두지 않고 보통사람이면 누구나 선거할 수 있다는 말이지. 우리나라에서는 만 19세 이상의 대한민국 국적의 국민이라면 누구에게나 선거권이 주어진다.

그런데 시민혁명 당시만 해도 선거권이 특정계층에게만 있었고 시민혁명 이후에는 일부 시민에게만 주어졌어. 그 후 차츰 확대되었지만, 여성에게 선거권이 주어진 것은 20세기에 들어서서란다.

서연 : 어머, 그래요? 전 시민혁명과 함께 모든 국민에게 선거권이 주어진 줄 알았어요.

선생님 : 그렇게 생각하기 쉽지. 하지만 혁명이라고 해서 하루 아침에 모든 걸 다 바꿀 수 있는 건 아니란다.

용석 : 그럼 평등선거는 무슨 뜻인가요?

선생님 : 우리는 선거를 할 때 몇 표를 행사할 수 있을까?

용석 : 그거야 당연히 한 사람이 1표 아닌가요?

선생님 : 지금이야 당연하지만, 절대왕정기의 프랑스에서는 귀족과 평민에게 각각 주어진 표의 수가 달랐단다. 아무튼 누구나 평등하게 1표를 행사한다는 게 바로 평등선거이지.
여기에서 주의할 점은 보통과 평등의 개념을 혼동해서는 안 된다는 거다.

용석 : 맞아요, 쉬운 내용인데 막상 문제를 풀다 보면 헷갈릴 때가 많아요. 그러니까 보통은 자격, 평등은 표의 수, 이렇게 생각하면 되는 거죠?

선생님 : 그래, 바로 그거야. 그럼 직접선거란 무엇을 의미힐까?

서연 : 직접 해야 한다는 거 아닌가요?

선생님 : 맞아. 선거권이 있는 사람이 직접 해야 한다는 거지. 그럼 비밀선거는?

첫째 날

둘째 날

셋째 날

넷째 날

다섯째 날

여섯째 날

일곱째 날

용석 : 누구를 찍었는지 비밀에 부칠 수 있다는 거, 맞죠?

선생님 : 그렇지, 누구에게 투표했는지 아무도 알 수 없다는 거 야. 현대 민주주의 국가들 중에서도 바로 이 비밀선거의 원칙 을 잘 지키지 못하는 나라들이 있단다.

과거 우리나라도 그랬어. 이승만 대통령 시절 비밀선거가 제 대로 이루어지지 않은 '3 · 15 부정선거' 때문에 결국 4 · 19 혁명이 일어나게 되었지.

서연 : 그러고 보니 거저 이뤄진 건 하나도 없네요.

선생님 : 그럼, 그래서 민주주의는 국민의 피와 땀으로 이루어진 것이라고 했잖니! 그리고 이 외에도 선거공영제가 있는데, 이 것은 선거를 공정히 하기 위해 여당 후보든 야당 후보든 국가 가 똑같이 선거비용의 일부를 지원해 주는 제도란다.

용석 : 선생님, 그런데 여당, 야당이 뭐예요? 뉴스에 자주 나오 는 말인데 잘 모르겠어요.

선생님 : 여당(與黨)의 '여(與)'는 '같다' 또는 '한패'라는 뜻으로 해석돼. 그러니까 행정부를 차지한 대통령과 같은 정당을 가 리키는 말인 거야. 그럼 야당(野黨)은 행정부를 차지하지 못한 당을 말하겠지? 여기에서는 비유적으로 들판을 의미하는 '야 (野)'자를 쓰는데, 그러니까 밖에 나가 있다는 뜻이지.

용석 : 한자를 풀이하니까 쉽게 이해가 되네요.

선생님 : 그렇지? 자, 그럼 선거와 관련해서 아주 중요한 개념이 있는데, 그것 하나만 더 이야기하도록 하자. 선거구 법정주의 라는 말 들어 봤니?

서연 : 들어는 봤는데……. 아, 한자를 풀이해 보면, '선거구를
　　　법률로 정한다' 뭐 이런 뜻 아닐까요?

선생님 : 이야, 하나를 알려 주니 둘을 아는구나. 거기에는 얽힌
　　　이야기가 있단다. 19세기 미국에 게리라는 사람이 있었는데,
　　　선거에서 유리해지려고 자기를 지지하는 사람이 많은 지역을
　　　자기가 출마할 선거구로 만들었어. 그런데 그 모양이 샐러맨
　　　더, 즉 도마뱀을 닮았대. 그래서 '게리가 만든 샐러맨더' 라는
　　　뜻으로 게리맨더링이라는 말이 생겼어. 그러니까 게리맨더링
　　　이란 선거구를 조작하는 행위를 말하는 거지.

첫째 날

둘째 날

셋째 날

넷째 날

다섯째 날

여섯째 날

일곱째 날

게리맨더링

친절한 카리스마

게리맨더링의 주인공 E. 게리는 미국의 매사추세츠 주지사였는데, 1812년
상원선거법을 개정하기 위해 자신이 소속되어 있는 공화당에 유리하도록
선거구를 나누었다가 반대당으로부터 비난과 야유를 받았지요. 지도 속의
선거구가 정말 도마뱀을 닮았나요?

83

용석 : 선거구를 조작하다니 공정하지 못한 일이군요.

선생님 : 그래. 그래서 선거구를 법률로 정한단다. 그리고 그것을……

용석 · 서연 : 선거구 법정주의라고 한다, 이 말씀이시죠?

선생님 : 하하하, 그렇지. 또 하나, 선거구는 거기에서 몇 명을 뽑느냐에 따라 대선거구와 소선거구로 나누는데, 우리나라는 각 선거구에서 1명만을 선출하는 소선거구제로 운영한단다.

서연 : 그럼 대선거구는 여러 명을 뽑는 것이겠네요?

선생님 : 그렇지. 아, 하나가 빠졌구나. 선거에 관련된 모든 사무는 선거관리 위원회, 줄여서 선관위라는 곳에서 담당한다는 것! 자, 그럼 문제 하나 풀어 볼까?

문제

우리나라의 선거제도와 그 원칙에 대한 설명으로 옳은 것을 모두 고르세요.

① 선거구는 선거관리 위원회에서 정한다.
② 민주 선거의 4원칙을 준수하고 있다.
③ 선거에 필요한 비용의 일부를 국가에서 지원한다.
④ 보통선거의 원칙은 만 19세 이상의 대한민국 국민은 누구나 1표의 선거권을 갖는다는 것이다.
⑤ A선거구의 유권자 수는 10만 명, B선거구의 유권자 수는 30만 명이면 평등선거 원칙에 위배된다.

선생님 : 너희가 한번 풀어 보아라. 정답은 몇 번일까?

용석 : ①, ②, ③, ④번이 옳아요.

서연 : 저는 ②, ③번이요.

선생님 : 음, 너희 생각이 좀 다르구나. 그럼 ①번부터 따져 볼까? 선거구 법정주의에 대해서는 이미 설명했지? 선거구는 법률로 정한다는 거 말이야. 그럼 어느 기관에서 정할까?

서연 : 국회요!

용석 : 하지만 선거 관련 사무는 선거관리 위원회에서 하는 거라고 하셨잖아요.

선생님 : 그래, 선거 관련 사무는 모두 선관위에서 맡아 한단다. 하지만 법률은 아니야. 모든 법률은 국회에서 정하잖니.

용석 : 아, 그렇지!

선생님 : 보기 ②번과 ③번에 대해서는 너희 둘 다 생각이 같구나. 너희 둘 다 맞았다. 그런데 ④번은 언뜻 보기엔 보통선거 원칙으로 보이지만 그렇지 않아. '누구나 1표'라는 말이 힌트지.

용석 : 그러니까 평등선거의 원칙이군요?

선생님 : 그렇지. 그리고 ⑤번은 선거구와 관련된 용어가 나와서 선거구 법정주의에 위배되는 것이 아닐까라고 생각하기 쉬운데, 이것은 평등선거 원칙에 어긋나는 것이 맞단다.

서연 : 네에? 왜요?

선생님 : 평등선거의 원칙은 누구나 공평하게 1표씩을 행사하는 것이야. 이것은 곧 개인이 가지고 있는 1표의 가치가 같아야 한다는 의미이지.

첫째 날

둘째 날

셋째 날

넷째 날

다섯째 날

여섯째 날

일곱째 날

서연 : 무슨 뜻인지 잘 모르겠어요.

선생님 : 예를 들어 A지역은 선거할 수 있는 사람이 10만 명, B지역은 30만 명이라고 했지? 이것은 B지역이 인구가 많은데도 A지역과 똑같이 1명의 국회의원을 선출한다는 말이야. 그러면 A지역민들의 표는 10만 분의 1의 가치를 가지고 있고, B지역민들은 30만 분의 1의 가치를 갖는 거야. 결국 1표의 가치가 다르다는 거지. 좀 공평하지 못하다는 생각이 들지?

용석 : 그러니까 평등선거의 원칙은 누구나 1표를 행사할 수 있어야 하고, 그 표의 가치도 같아야 한다는 의미군요. 그런데, 실제로 이런 경우는 어떻게 하나요?

선생님 : 어쩌긴, 국회에서 선거구를 다시 조정해야지.

용석 : 그런데 선생님, 정당은 꼭 필요한가요? 없어도 될 것 같은 데……. 만날 싸움만 하잖아요.

선생님 : 저런, 그렇게 생각할 수도 있겠구나. 충분히 이해한다. 그런데 정당은 말 그대로 정치적 생각이 같은 사람들의 집단 이란다. 그러니까 정당을 만들면 정치가들이 자신의 정치적 인 꿈을 실현하는 데 더 큰 힘을 낼 수 있지. 혼자보다는 여럿 이 낫잖아.

서연 : 그래서 뭉쳐서 싸움하는 건가요?

선생님 : 그건 부정적인 모습만 봐서 그래. 원래의 기능은 정부 가 미처 파악하지 못한 국민의 의견을 먼저 파악해 정부가 하 는 일에 반영되도록 하는 거지.

또 야당의 경우 정권을 차지한 정당의 독선과 잘못을 그때그 때 지적하여 바른 길로 갈 수 있도록 견제하기도 한단다. 그 래서 민주국가에서는 정당이 반드시 둘 이상인 복수정당제를 운영하고 있지.

용석 : 지금 우리나라 정당들이 그런 역할을 제대로 하고 있나요?

선생님 : 부끄러운 일이지만 선뜻 그렇다고 대답하기는 어렵구 나. 하지만 예전에 비하면 많이 나아진 거란다. 과거 군사정 부 시절에는 여당이든 야당이든 대통령에게 꼼짝도 못했지 만, 지금은 야당은 물론 여당에서도 대통령의 잘못을 비판할

첫째 날

둘째 날

셋째 날

넷째 날

다섯째 날

여섯째 날

일곱째 날

일이 있으면 그렇게 하잖니?

여전히 부정적인 모습이 많긴 하지만, 이것 역시 오랜 노력으로 바꿀 수 있는 거란다. 그러려면 우리가 좀 더 관심 갖고 제대로 된 정당을 지지해야겠지?

첫째 날

둘째 날

셋째 날

넷째 날

다섯째 날

여섯째 날

일곱째 날

서연 : 그런데 정부는 할 일이 정말 많겠어요. 국회의 견제와 여
러 정당의 비판을 받으면서 나랏일을 다 해야 하니까요.

선생님 : 서연이가 말한 정부란 엄밀히 말하면 행정부란다. 행정
부는 국회에서 만든 법률을 실제로 행하는 곳이라고 했지? 그
러니 당연히 일이 많을 수밖에 없지.

또 실제로 일을 하는 곳이기 때문에 국민들과 직접적으로 많
이 부딪치는 곳이기도 해. 특히 요즘은 국민들의 복지를 위해
부단히 노력해야 하기 때문에 욕도 많이 먹지.

서연 : 맞아요, 신문이나 텔레비전 뉴스에서 행정부가 잘못하는
일에 대해 비판하는 것을 더러 볼 수 있어요.

용석 : 행정부의 구조도 복잡하겠네요?

선생님 : 그렇지. 하지만 간단하게 말하면 실제로 일을 하는 각
부와 이를 총괄하는 국무총리, 그리고 대통령으로 구성되어
있단다.

용석 : 구체적으로 어떤 부서가 있죠?

선생님 : 우선 너희와 관련이 깊은 부서가 있지. 어딜까?

서연 : 교육부요!

선생님 : 그래, 맞아. 그밖에 교통질서와 관련된 건설교통부, 법
질서 유지를 위한 법무부, 국가방위를 위한 국방부, 여성의
복지를 위한 여성부, 쾌적한 환경을 위한 환경부 등 아주 많

단다.

서연 : 이러한 부서는 딱 정해져 있나요? 아니면 없어지거나 새로 생기기도 하나요?

선생님 : 없어진다는 것은 할 일이 없어졌다는 말이겠지? 그런데 사회가 점점 복잡해지기 때문에 새로 생기기는 해도 없어지는 일은 없지 않을까 싶구나.

서연 : 그렇게 많은 부서에서 일을 다 하면 대통령은 무슨 일을 하나요?

선생님 : 대통령은 임기가 5년으로 정해져 있는 국가의 대표란다. 그러니까 외국에 우리나라를 대표하는 일을 하고, 행정 각 부에 업무를 지시하고 통제하는 역할도 하지.

서연 : 선생님, 국회의원도 국민을 대표하고 대통령도 국가의 대표로 뽑은 사람이잖아요. 그럼 누가 더 높아요?

선생님 : 누가 높긴! 민주주의 국가에서는 국민이 가장 높지.

용석 : 그야 그렇겠지만, 대통령과 국회의원 중에는 누가 더 높으냐고요?

선생님 : 허, 그 녀석! 그렇게 서열을 매기고 싶니? 헌법상으로는 대통령이 국가의 원수이므로 대통령이 더 높다고 볼 수도 있겠구나. 하지만 국회의원이 대통령보다 낮다고 볼 수도 없어. 서로 견제하는 사이이니까. 그러니까 동등하다고 보면 돼.

서연 : 선생님, 몇 년 전에 국회에서 대통령을 탄핵하려고 했잖아요? 그런데 왜 안 되었나요?

선생님 : 대통령은 국민이 뽑은 사람이기 때문에 국회만이 대통

령에게 그만두라고 할 수 있어. 그런데 그 결정은 국회에서 할 수 없지. 왜냐하면 동등한 지위를 가지고 있기 때문이야. 결정은 행정부나 국회에서 독립된 기관인 헌법재판소에서 할 수 있어. 당시 헌법재판소가 이를 기각(물리치는 일)했기 때문에 대통령직을 보존하게 된 거란다.

첫째 날

둘째 날

셋째 날

넷째 날

다섯째 날

여섯째 날

일곱째 날

서연 : 참, 그러고 보니 입법부와 행정부에 대해서는 알아봤는데 사법부가 빠졌네요. 이번에는 사법부에 대해 말씀해 주세요.

선생님 : 사법부에 대해서는 법에 대해 공부하는 넷째 날과 다섯째 날에 자세히 알아보도록 하자. 그보다는 행정부를 이야기하면서 빼놓을 수 없는 부분이 있는데 그게 뭔지 알아맞혀 보렴.

용석 : 힌트 좀 주세요.

선생님 : 대통령과 국회의원 외에 우리가 선거로 뽑는 사람이 있지!

용석 : 아, 시장이나 도지사 같은 사람들 말인가요?

선생님 : 그렇지. 그리고 도의원이나 시의원 등도 있어. 국회의원이나 대통령은 우리나라 전체의 일을 전반적으로 담당하는 사람들이야. 그러다 보니 각 지역의 일은 소홀할 수밖에 없단다. 그래서 각 지역의 일은 스스로 알아서 처리하도록 그 지역의 대표를 뽑는단다. 이런 제도를 지방자치제라고 해.

서연 : 그럼 각 지역마다 다른 조직이 있겠네요?

선생님 : 그렇지! 예전에는 각 지역의 도지사, 시장, 군수를 중앙에 있는 정부가 임명했는데, 지금은 그 지역 주민이 뽑기 때문에 약간의 차이를 보이지.

용석 : 그러니까 일종의 작은 정부라고 생각하면 되겠군요.

선생님 : 우리 용석이의 응용력이 대단하구나. 그렇단다. 지방에
　　있는 작은 정부를 지방자치단체라고 한단다. 구체적으로 보
　　면, 어떤 문제를 '의논해서 결정한다' 는 뜻으로 사용되는 의
　　결기관이 있어. 국가의 의결기관은 국회이지? 각 지역에도
　　이런 의결기관이 있는데 이를 지방의회라고 해. 즉 지방에 있
　　는 작은 국회라고 보면 되지.

서연 : 그럼 지방에 있는 행정부도 있겠네요?

선생님 : 그래, 지방의 행정부를 지방자치단체라고 하고 그 수장
　　을 지방자치단체의 장이라고 해.

용석 : 좀 자세히 설명해 주세요. 이 부분이 진짜 어려워요.

선생님 : 음, 어떤 예가 좋을까? 아, 그래! 요즘 우리 가족제도를
　　예로 들어 보자. 요즘 우리 가족들은 대가족이니 핵가족이니?

용석 : 대부분 핵가족이죠. 할아버지, 할머니는 시골에 계시고, 큰아버지네, 고모네, 이모네 다 각자 살잖아요.

선생님 : 맞아. 그렇게 모두 한 가족인데도 각자 가풍이 있고 거기에 가장이 따로 있지? 그렇다고 할아버지, 할머니 말씀을 무시하지도 않고.

서연 : 네, 맞아요. 그리고 할아버지, 할머니께서 아버지, 어머니한테 특별히 뭐라고 하시지도 않아요.

선생님 : 역시 대단한 응용력이야. 정말 그렇단다. 그럼 할아버지, 할머니가 계신 곳을 대통령과 국회 등이 있는 중앙정부라고 한다면, 우리 집, 큰아버지네, 고모네, 이모네 등은 무엇에 해당될까?

용석 : 지방자치단체요.

서연 : 딩동댕! 브라보!

선생님 : 하하하. 다시 예를 들어 보자. 어디가 좋을까? 생각나는 도시가 있으면 말해 보거라.

서연 : 경기도 용인시!

선생님 : 그래, 경기도 용인시의 경우 경기도만을 위해 일하는 지방자치단체가 필요하고, 경기도 안의 용인시만을 위한 지방자치단체가 필요하겠지?

용석 : 네.

선생님 : 그럼 경기도를 위한 지방의회와 지방자치단체의 장을 뽑아야 한단다. 그래서 경기도의회의 의원을 뽑고 경기도지사를 뽑는 거지. 그리고 용인시에서는 누굴 뽑을까?

용석 : 용인시의회 의원과 용인시장을 뽑아요.

선생님 : 그래, 잘했다. 여기에서 경기도처럼 큰 지역의 지방정
　　　　부를 광역자치단체라고 하고 용인시 같은 경우는 기초자치단
　　　　체라고 해.

서연 : 서울특별시나 인천광역시처럼 '도' 가 없는 경우는요?

선생님 : 광역자치단체이지.

서연 : 좀 헷갈리는데요.

선생님 : 그렇지? 그럴 때는 주소를 생각하면 된단다. 우리가 주
　　　　소를 적을 때 맨 앞에 나오는 지역이 광역이고, 바로 다음에
　　　　나오는 지역이 기초자치단체이거든. 참고로 우리나라 주소의
　　　　예를 몇 개 살펴볼까?

광역	기초	
경기도	용인시	동백동...
강원도	평창군	○○읍 ○○면 ○○리
서울특별시	관악구	○○동⋯
인천광역시	계양구	○○동⋯

서연 : 아하, 이렇게 구분하면 쉽군요. 전 그것도 모르고 외우느
　　　라 고생했네요.

선생님 : 저런⋯⋯. 그럼 지방의회에서는 어떤 일을 할까?

서연 : 지방에 있는 작은 국회라고 하셨으니까 그 지역에 맞는
　　　법 같은 것을 만들 것이고, 지방자치단체를 감시하는 일을 하
　　　지 않을까요?

첫째 날
둘째 날
셋째 날
넷째 날
다섯째 날
여섯째 날
일곱째 날

선생님 : 그래, 정확하게 말했다. 지방의회에서 만드는 '법 같은 것'을 조례라고 한단다. 이 조례를 지방자치단체의 장에게 주면 그대로 집행해야 하지. 또 지방자치단체의 장도 법규를 만들 수 있는데, 이를 규칙이라고 한다.

용석 : 어, 그럼 조례와 규칙 중에 뭐가 더 높은 거예요?

선생님 : 국회에서 만드는 법률과 대통령이 그때그때 발표하는 명령 중 뭐가 더 높은 것 같으니?

용석 : 당연히 법률이겠죠, 뭐.

선생님 : 그래, 조례와 규칙도 마찬가지야. 조례가 규칙보다 더 높은 법규인 거지.

용석 : 그런데 선생님, 지방자치제를 '풀뿌리 민주주의'라고 하던데, 그건 무슨 뜻이에요?

선생님 : 예를 들어 제주도에서 잘 자라는 풀이 있다고 하자. 너무 예뻐서 서울에 옮겨 심으면 어떻게 될까?

용석, 서연 : 못 살겠죠!

선생님 : 그래, 뿌리를 내려 그 지역에 맞게 적응하지 못하면 결국 죽고 말겠지. 지방자치제도 마찬가지란다. 아무리 좋은 제도라 하더라도 그 지역의 특색에 안 맞을 경우 오히려 피해를 줄 수 있으니, 그 지역의 특색에 맞게 잘 운영하라는 의미야. 하지만 그러다 보니 단점도 있지.

서연 : 그게 뭔가요?

선생님 : 지역이기주의란다. 님비(NIMBY, Not in My Backyard의 약자로 자기 지역에 혐오시설의 설치를 반대하는 것) 현상과 핌피

(PIMFY, Please in my front yard의 약자로 지역 내에 좋은 시설을 서로 유치하려는 것) 현상이 대표적이지.

용석 : 맞아요. 텔레비전에서 봤는데, 어느 지역엔가 핵폐기물 처리시설을 설치하려니까 주민들이 막 반대하더라고요.

선생님 : 그래, 바로 그런 현상을 님비라고 하는데, 님비든 핌피든 둘 다 바람직하지 못한 모습이지. 이런 문제는 나라 전체를 생각해서 조금씩 양보해서 풀어 나가야 한단다. 어느 지역에도 핵폐기물이나 쓰레기 처리장을 설치할 수 없다면 문제가 크지 않겠니?

자, 또 문제 풀어 볼 때가 되었구나. 이번에는 용석이가 한번 풀어 볼까?

문제 ▮▮▮▮▮▮▮▮▮▮▮▮▮▮▮▮▮▮▮▮▮▮▮▮

다음은 어떤 민주정치 제도에 대한 표현이다. 이 제도에 대한 설명으로 적합지 않은 것은?

| • 민주주의의 학교 | • 풀뿌리 민주주의 |

① 광역 단체와 기초 단체로 구분된다.
② 지역 주민들의 선거로 군수, 시장, 지방의회 의원, 국회의원 등이 선출된다.
③ 중앙 정부의 권력을 지방으로 분산시킨다.
④ 정책 결정과 집행이 신속하게 이루어져 효율적이다.
⑤ 그 지역의 고유 사무를 자율적으로 처리하는 제도이다.

용석 : 지방자치 제도와 관련된 문제인데, 보기 ①번이나 ②번은 맞는 거 같아요. ③번은 '권력의 지방분산'이라는 말이 걸리긴 한데, 지방자치니까 어느 정도는 지방자치단체에게 권한이 있어야겠죠? ⑤번은 당연히 맞고, 문제는 ④번인데……, 지방자치제는 지역이기주의 때문에 일의 속도가 오히려 늦춰질 수도 있지 않을까요? 그러니까 정답은 ④번이에요.

서연 : 와, 너 대단하다.

용석 : 이 정도는 기본이지, 뭐. 히히히.

선생님 : 너희가 사이좋은 친구라는 건 인정해야겠다. 좋은 일이지. 하지만 답은 틀렸다. 이 문제의 정답은 ②번이야! 국회의원은 지방자치제에 해당되지 않는 사람이니까.

용석 : 아, 맞다! 여기에 이런 함정이 있을 줄이야…….

선생님 : 끝까지 집중해서 잘 봐야지. 보기 ④번이 왜 맞는지 한 번 볼까? 지방자치제에서는 자기 지역의 일을 스스로 처리하기 때문에 예전처럼 중앙정부에 일일이 보고하거나 결과를 기다리는 일이 많지 않단다. 따라서 시간낭비를 줄일 수 있지.

서연 : 아하! 그렇구나.

첫째 날

둘째 날

셋째 날

넷째 날

다섯째 날

여섯째 날

일곱째 날

선생님 : 자, 이제 우리나라의 정치구조에 대해 잘 알겠니?

서연 : 네, 이렇게 쉽게 정리가 되다니 가슴이 뿌듯해지는데요.

선생님 : 아무튼 아부는 수준급이라니까, 하하하.

　　　그런데 잊지 말아야 할 것은, 민주주의의 주인은 우리 국민이기 때문에 소수 정치가에게 정치를 모두 맡기고 무관심해서는 안 된다는 점이야. 적극적으로 정치에 참여해서 더 살기 좋은 국가를 만들어 가야지.

서연 : 선거나 투표 말고 국민이 정부에서 하는 일에 참여하는 방법이 있나요?

선생님 : 물론 있지. 하지만 그 이야기를 하기 전에 먼저 정부가 일을 할 때 어떤 과정을 거치는지부터 알아보자. 정부가 우리 국민을 위해 일하는 모든 과정을 통틀어 정치과정이라고 해. 그중에서도 정부가 앞으로 어떤 계획을 갖고 어떻게 일을 하겠다는 정부의 활동 내용이나 방향을 정하는데, 이것을 정책이라고 하지. 즉, 정치과정이란 정책을 수행하는 과정이라고 보면 되는 거야.

용석 : 그럼 우리 국민이 정부의 정책에 관여할 수 있다는 말인가요?

선생님 : 그렇지. 정부가 어떤 정책을 세우거나 실행하기 위해선 반드시 국민의 의견을 묻고 신중하게 검토하는 과정을 거쳐

야 해. 그리고 정부의 정책이란 결국 국민을 위한 것이어야 하기 때문에 국민이 요구한 내용이 주를 이루지. 그 과정을 정리하면 이 표와 같아.

정치과정

용석 : 다원적 이익이 뭐예요?

선생님 : 다원이란 말 그대로 여러 가지 근원이라는 말이야. 그러니까 여러 분야의 여러 사람들의 이익이라는 말이지.

서연 : 그 많은 사람들의 요구를 어떻게 다 들어줘요?

선생님 : 그래서 가만있으면 안 되겠지? 표출을 해야지! 민주주의는 여러 사람들의 다양한 직업이나 생각을 모두 인정하는 제도이니까 여러 분야의 각기 다른 요구 가운데 어떤 것도 무시되어서는 안 돼. 하지만 정부가 그 요구를 다 들어 정책에

반영하기란 쉽지 않겠지? 그래서 각 분야의 사람들이 단체를 만들어 '우리 좀 챙겨 줘'라고 요구를 한단다. 이런 단체를 이익집단이라고 해. 예를 들면 의사협회라든지 전교조 등이 여기에 속해.

용석 : 시민단체도 이익집단인가요?

선생님 : 그렇지 않아. 시민단체는 이익집단과는 달리 우리 국민 전체의 이익을 목적으로 해. 예를 들면 환경보호단체 등이 여기에 속하는데, 이런 시민단체에서도 정부에게 요구하고 잘못된 정책에는 반대의 뜻을 보일 수 있어.

또 방송이나 신문, 잡지 등의 언론은 시민의 여론(여러 사람의 공통된 의견)을 정부에 전달하는 중요한 역할을 한단다. 언론기관은 여러 사람들의 요구를 들어보고 더 많은 힘이 필요하다고 판단되면 뉴스로 보도하거나 기사를 써서 많은 시민의 여론을 형성하기도 하지.

어쨌든 이 모든 활동의 주체는 바로 우리 국민이기 때문에 우리가 적극적으로 참여하지 않으면 정부도 임무를 올바로 수행할 수 없게 된단다.

서연 : 와, 국민의 임무가 정말 막중하군요.

선생님 : 그럼. 그래서 민주주의가 어려운 제도라는 거야. 선거를 통해 올바른 정치인을 골라야 하고 또 뽑고 난 후에는 믿고 맡기는 것이 아니라 잘 감시해야 해. 물론 일을 잘못하고 있을 때에는 적극적인 참여로 정부를 깨우쳐야 하지.

서연 : 그런데 정부의 정책은 어떻게 알 수 있나요? 정부에서 발

첫째 날

둘째 날

셋째 날

넷째 날

다섯째 날

여섯째 날

일곱째 날

표하는 것을 보면 어려운 말만 해서 잘 모르겠던데…….

선생님 : 텔레비전 뉴스나 신문기사를 보면 쉽게 알 수 있단다. 실제로 언론기관의 정부 감시 기능을 '민주주의의 척도'로 삼기도 하지. 얼마 전 선생님이 인터뷰한 MBC 김주하 앵커는 우리나라 언론의 수준이 세계적으로도 뒤처지지 않는다고 하더구나. 선생님도 같은 생각이야. 하지만 언론도 국민의 삶 깊숙이 존재하는 진실을 캐내기 위해 꾸준히 노력해야 해. 왜곡되지 않은 공정한 보도로 정부에 영향력을 행사하는 것이 진정한 언론의 역할임을 잊어서는 안 되지.

서연 : 와우, 선생님 마당발이시군요. 너무 멋있어요! 사실 저도 앵커가 되고 싶답니다. 그런데 어떻게 해야 되는지 모르겠어요. 얼굴도 예뻐야 하고 실력도 좋아야 하겠지만…….

선생님 : 얼굴보다는 실력을 기르는 게 중요하지. 특히 학창시절에 공부 외에도 많은 경험을 쌓아 사회를 제대로 볼 수 있는 능력을 길러야 해. 그러니까 오락프로그램만 보지 말고 뉴스나 다큐멘터리도 보고, 신문도 읽고 봉사활동도 많이 해야겠지?

서연 : 넵! 최선을 다하겠습니다.

선생님 : 하하하!

용석 : 이야기를 들어 보니 민주주의 체제에서는 참여가 참 중요한 것 같아요. 그럼 우리 국민이 반드시 해야 하는 가장 기본적인 참여와 우리가 할 수 있는 적극적인 참여에는 어떤 게 있을까요?

선생님 : 와우, 정말 제대로 된 질문을 하는구나. 우선 선거는 무슨 일이 있어도 꼭 참여해야 한단다. 그리고 여러 봉사활동을 하면 더욱 아름다운 민주주의 국가가 되겠지? 뜻있는 사람들이 모여 정부의 손길이 미처 닿지 않는 곳이나 약하고 소외받는 사람들에게 사회적으로 손을 내미는 것 자체가 아름답고 소중한 참여가 된단다.

또 최대호 사랑의집수리운동본부장님이 강조하시듯이 민주주의 발전에서 정부의 활동 못지않게 중요한 게 시민들의 시민운동이야. 지금 우리나라에도 많은 시민단체가 있는데, 이런 단체에 참여해 활동하면 우리의 삶을 보다 풍요롭게 할 수 있지 않겠니?

너희도 어른이 되면 정치뿐만 아니라 이런 시민운동에도 많은 관심을 갖고 참여해야 한다. 알겠느냐?

서연, 용석 : 네.

선생님 : 대답도 잘하네, 예쁜 녀석들. 오늘은 이쯤에서 마무리하고, 내일 다시 만나자. 아까도 말했지만 내일과 모레는 법에 대해 알아볼 테니 마음의 준비를 해두렴.

첫째 날

둘째 날

셋째 날

넷째 날

다섯째 날

여섯째 날

일곱째 날

넷째 날 | 법 1

법의 의미와 종류

＊테마 1 **법의 의미**

＊테마 2 **법의 목적**

＊테마 3 **법치주의**

＊테마 4 **법의 분류**

법의 의미

서연 : 선생님, 안녕하세요?

용석 : 저희 왔습니다.

선생님 : 그래, 어서 와. 벌써 넷째 날인데, 하루도 거르지 않고 약속을 잘 지켜서 참 예쁘다.

용석 : 이런 기회가 흔치는 않으니까 당연하죠.

선생님 : 그렇게 생각하다니 기특하구나. 오늘은 무슨 이야기를 할 차례지?

서연 : 법에 대해 이야기하신다고 하셨잖아요.

선생님 : 그렇지. 3곳의 국가기관 중 사법부에 대해서만 이야기 안 했지? 그럼 사법부는 우리나라의 어느 기관을 말하는 건지 아니?

서연 : 그건 초등학생도 알아요? 법원이잖아요.

선생님 : 그럼 법원에서는 주로 무슨 일을 할까?

용석 : 재판하는 곳 아닌가요?

선생님 : 맞아, 사법(司法)은 법으로 잘잘못을 가린다는 뜻인데, 물론 재판을 통해서 잘잘못을 가리겠지? 그런데 이때 기존에 만들어 놓은 법조항을 찾아 적용시키기 때문에 법률적용이란 말을 쓴다.

서연 : 그러니까 사법, 법원, 재판, 법률적용은 모두 같은 흐름에서 보면 되겠네요.

선생님 : 그래, 이제 사회과목에 눈을 뜨기 시작했구나.

서연 : 그런데 선생님, 저는 이런 용어들이 어려워요. 공법, 사법, 형법, 민법, 경제법…… 아이쿠, 생각만 해도 머리 아파요.

선생님 : 그럴 게다. 하지만 좀 근본적인 곳에서부터 차근차근 하다 보면 어느 순간 쉬우면서도 재미있어진단다.

선생님 : 법은 왜 만들어졌을까?

용석 : 사람들이 질서를 잘 안 지켜서요.

선생님 : 그래, 그래서 법을 만들었겠지. 하지만 처음부터 법이 있었던 것은 아니었어. 아주 오래 전엔 사람들끼리 법 비슷한 것을 정해 놓고 지키기로 약속했을 거야.

용석 : 만약 안 지키면요?

선생님 : 그럼 마을에서 추방한다든지 아니면 왕따를 시킨다든지, 그랬겠지? 아무튼 이런 일종의 규율을 규범이라고 한단다. 예컨대 종교규범, 관습규범, 도덕규범 등이야. 물론 법규범도 포함되지.

용석 : 관습규범이 뭐예요?

선생님 : 관습을 거꾸로 하면 습관이 되지? 관습규범이란 오랫동안 습관처럼 굳어져 당연히 지켜야 할 것, 혹은 하지 말아야 할 것을 말해. 예를 들면 설날에 세배하는 것 등이지.

용석 : 그럼 법을 만든 목적은 무엇인가요?

선생님 : 시대별로 법을 만든 목적이 다르단다. 시민혁명 이전까지의 법은 주로 통치자의 권력을 강화하는 수단으로 만들어

첫째 날

둘째 날

셋째 날

넷째 날

다섯째 날

여섯째 날

일곱째 날

뭐가 이리 복잡해?

법

졌지. 그러다 시민혁명으로 민주주의가 나타나면서 국민, 즉 사람을 위한 법이 만들어졌어.

서연 : 그런데요, 법 하면 왠지 좀 무서운 느낌이 들어요.

선생님 : 그렇지? 다른 규범들은 안 지켜도 크게 달라지는 것이 없지만, 법은 반드시 지켜야 한다는 강제성 때문이지. 그래서 법을 어기면 처벌을 받는 것이고.

서연 : 그런데 그 많은 법을 어떻게 다 알고 지켜요? 나도 모르는 사이 법을 어길 수도 있잖아요?

선생님 : 그래서 법을 만들 때 신중해야 하고, 최소한의 것만 법 으로 만들어 놓아야 하지.

용석 : 그 최소한이 뭔데요?

선생님 : 반드시 지켜야 하는 일들을 말해. 예를 들어 살인이나 폭행 같은 것들은 누구나 절대로 해서는 안 된다는 걸 알잖 니? 그런데 만약 이런 것을 안 지키면 어떻게 되겠어? 우리 사회가 얼마나 불안하고 지옥 같겠니?

용석 : 생각만 해도 끔찍해요. 안 그래도 텔레비전 뉴스를 보면 끔찍한 범죄가 많은데…….

선생님 : 그래, 그렇기 때문에 법을 만드는 거야. 하지만 법보다 사람의 양심이 중요하지. 마음 속 양심에 따라서만 행동한다면 굳이 많은 법이 필요하겠니?

서연 : 맞아요, 학교에서도 해서는 안 될 행동을 자꾸 하니까 교칙이 더 많이 생기는 것 같아요.

선생님 : 맞아! 우리가 양심에 따라 행동하면 되는 아주 쉬운 규범을 뭐라고 하지?

용석 : 도덕이요.

선생님 : 그래, 맞아. 모든 사람들이 도덕적으로만 살면 되는데 그렇지 못하니까 문제지. 그렇다고 도덕적인 문제를 모두 법으로 만들 수도 없고. 그래서 그 가운데 반드시 지켜야 하는 최소한의 것만 법으로 만들어 놓는 거지.

서연 : 아하, 그래서 '최소한' 이라는 말이 나오는군요.

선생님 : 그래, 그 때문에 법은 도덕의 최소한이라고 한단다. 법과 도덕의 이 같은 관계를 그림으로 나타내 보자.

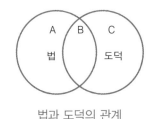

법과 도덕의 관계

첫째 날

둘째 날

셋째 날

넷째 날

다섯째 날

여섯째 날

일곱째 날

선생님 : 이 그림에서 B에 해당하는 법의 영역이 바로 도덕 중에
　　　최소한 것을 법으로 만든 것이지.

용석 : 그럼 A는 무엇인가요?

선생님 : 도덕과 관련이 없는 법이란다. 예를 들면 주민등록법,
　　　건축법 같은 거 말이야.

　　　자, 이제 문제 하나 풀어 보자. 이 문제는 너희가 의논해서 답
　　　을 찾아 볼래?

문제 ■ ■ ■ ■ ■ ■ ■ ■ ■ ■ ■ ■ ■ ■ ■ ■ ■ ■ ■

다음의 그림을 보고 A 영역에 해당하는 내용만을 골라 놓은
것은?

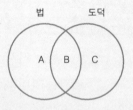

> 가. 남의 물건을 훔치면 안 된다.
> 나. 자동차는 신호등에 빨간 불이 켜졌을 때는 멈춘다.
> 다. 몸이 불편한 할아버지나 할머니께 자리를 양보해 드려야 한다.
> 라. 사람을 죽이면 안 된다.
> 마. 결혼을 한 신랑, 신부는 행정기관에 혼인신고를 해야 한다.

① 가, 나　　　　② 다, 라　　　　③ 나, 마
④ 나, 다　　　　⑤ 가, 마

서연 : 도덕과 상관없는 법의 영역을 묻는 문제이니까 확실한 것
은 ㉺야. 맞지?

용석 : 나도 그렇게 생각해. 문제는 나머지 하난데, 우선 확실히
A에 속하지 않은 것부터 제외시켜 보자. ㉮와 ㉰는 도덕의 문
제이기도 하고 법의 영역에도 속하니까 B에 속해.

서연 : 그럼 답은 ③번이라는 말인데, ㉯는 사람의 목숨과도 관계
있는 거니까 B에 속한다고 해도 틀리지는 않을 것 같은데?

용석 : 그렇긴 하지만 그건 편의를 위해 만든 법이지 도덕적 가치
가 포함된 게 아니잖아. 그러니까 ㉯는 A에 속하지 않을까?

서연 : 하지만 지금 세상에서는 빨간불이 켜졌을 때 자동차가 멈
춰야 한다는 건 도덕적인 문제이기도 하지 않을까? 안 그러기
때문에 사고가 나잖아.

용석 : 그러고 보니 그런 것도 같다. 그럼 일단 답은 ③번으로 하
고 선생님께 여쭤 보자.

서연 : 좋아. 선생님 도와주세요.

선생님 : 일단 너희의 토론 자세를 칭찬하지 않을 수 없구나. 참
잘했어. 문제의 ㉯에 대해서는 이렇게 생각해 보자. 도로교통
법이 바뀌어 빨간 불이 아니라 보라색 불일 때 멈추는 걸로
말이야. 그럼 ㉯는 어디에 속할까?

용석 : 그럼 A에 속하는 게 맞군요?

선생님 : 그래. 그럼 정답은 ③번이겠지?

첫째 날

둘째 날

셋째 날

넷째 날

다섯째 날

여섯째 날

일곱째 날

서연 : 선생님, 법을 만든 목적은 인간을 위해서라고 하셨죠?

선생님 : 그래, 우리 인간을 편하게 해주기 위해서 만든 것이지. 그런데 사실 법은 우리가 어떤 상황에서도 꼭 지켜야 하기 때문에 약간은 귀찮을 수도 있어. 하지만 여러 사람이 함께 살아가는 이상 어쩔 수 없이 필요한 게지.

서연 : 그런데요 선생님, 사람마다 편한 게 틀리잖아요? 예를 들면 도둑질을 해서 얻는 만족감을 행복으로 여기는 사람들도 있지 않겠어요?

용석 : 너는 예를 들어도 꼭 그런 예를 드니?

선생님 : 예가 극단적이긴 하지만 아주 좋은 지적이야. 저마다 추구하는 행복이 다르다는 것을 알고 인정하는 것은 아주 중요해. 그래야 대다수가 공통적으로 생각하는 정의(正義)라는 개념도 받아들일 수 있으니까.

친절한 카리스마 -

법과 정의의 상징은 동서양이 서로 다릅니다. 동양에는 잘잘못을 가릴 줄 알고 선악을 판단할 줄 안다는 상상의 동물 해태(해치라고도 하죠)가 있고, 서양에는 왼손에 법 집행의 위엄성을 의미하는 칼을, 오른손에는 평등과 정의를 상징하는 저울을 들고 공평성을 위해 눈을 가리고 있거나 감고 있는 정의의 여신상이 있답니다.

그럼 우리나라 대법원에는 어떤 상징물이 있을까요? 대법정 입구에 정의의 여신상이 있답니다. 재미있는 것은 한복을 입은 우리나라 여인의 모습이라는 거죠. 또 왼손에는 칼 대신 지혜를 상징하는 법전을 쥐고 있답니다.

서연 : 그러니까 법은 대다수가 공통적으로 생각하는 정의를 추구한다는 말이군요.

선생님 : 그렇지. 그런데 정의란 무엇을 의미하는 걸까?

용석 : 올바른 것 아닐까요?

선생님 : 그럼 무엇이 올바른 것일까?

서연 : 글쎄 그게 문제라니까요. 사람마다 생각하는 게 다르고 추구하는 것도 다른데, 어떻게 이것은 올바르고 저것은 그르다고 할 수 있는 걸까요?

선생님 : 그럼 이렇게 생각하면 어떨까? '정의란 공평한 것을 말한다'고 말이야. 사실 이것은 아주 중요한 개념이니까, 잘 알아 두어야 해! 우리가 흔히 '정의의 사나이' 라고 할 때 그 정의와는 다르다는 것, 알고 있지? 다시 한번 말하지만, 정의란 누구에게나 공정하게 적용되는 것을 말해. 만약 정의가 없으면 사람들은 법을 지키지 않겠지?

서연 : 그럼 법을 만들 때 정의를 기준으로 만드나요?

선생님 : 그럼, 당연하지!

서연 : 그런데 정의에도 뭔가 기준이 되는 게 있지 않나요? 공평한지 아닌지를 따질 때 기준이 되는 것 말이에요.

선생님 : 그래, 있지. 바로 인간존엄성이야. 어떤 형태의 법이든 이것에 어긋나서는 안 된단다. 즉 이것은 법의 목적인 거지. 여기서 질문 하나! 이렇게 목적에 적합하게 만들어야 한다는 의미로 사용하는 말은 무엇일까?

용석 : 합목적성 아닌가요?

첫째 날

둘째 날

셋째 날

넷째 날

다섯째 날

여섯째 날

일곱째 날

선생님 : 맞아! 그러니까 법에 있어 합목적성은 어떤 법이든 인간 존엄성을 추구해야 한다는 것이지. 또 하나, 법이 너무 많다거나 자주 바뀌면 국민이 잘 몰라서 지키기 힘들기 때문에 법은 함부로 만들 수가 없단다. 그러니까 한번 만들 때 신중하게 만들어야 사람들이 오랫동안 지킬 수 있겠지? 이것을 법의 안정성이라고 해. 그리고 이런 안정성을 위해 법률불소급(法律不遡及)의 원칙을 둔단다.

용석 : 그게 뭔데요?

선생님 : '소급'이란 과거로 거슬러 올라간다는 말이니까, 법률불소급은 법률이 만들어 지기 전에 있었던 일을 거슬러 올라가 적용시키지 않는다는 뜻이지.

용석 : 예를 들면 법이 만들어 지기 전에 살인죄를 저지른 사람은 처벌할 수 없다는 말인가요?

선생님 : 그렇지!

용석 : 그건 너무 해요. 왜 그런 원칙이 있는 거죠?

선생님 : 법률불소급은 특히 사람의 신체에 벌을 가하는 경우, 예를 들어 사형 같은 경우에 주로 해당된단다. 판사님도 사람이니 오판할 수도 있으니까, 개인의 생명을 보호하기 위해 이런 원칙을 둔 것이지. 어쨌든 법은 굉장히 복잡해서 학자들 간에도 서로 다른 해석을 하는 경우도 많단다.

자, 그럼 문제 한번 보자!

첫째 날

둘째 날

셋째 날

넷째 날

다섯째 날

여섯째 날

일곱째 날

문제 ▪▪▪▪▪▪▪▪▪▪▪▪▪▪▪▪▪▪▪

다음은 조선시대 경국대전 중 형전의 내용이다. 법을 만드는 기본 원칙 중 가장 많이 위배하고 있는 부분은?

> 종묘·사직과 관련된 불법적인 살인사건을 제외하고는, 아전이나 하인이 자기 관청의 관리를 고발하거나, 아전이나 백성이 관찰사나 고을 수령을 고발하는 것은 모두 받아들이지 않고 장 100대에 징역 3년에 처한다.

① 정의 실현의 원칙　　　② 안정성
③ 법률 불소급의 원칙　　④ 합목적성
⑤ 사회 질서의 유지

선생님 : 이 문제는 누가 풀어 볼까? 용석이가 해볼래?

용석 : 모르는 용어가 많아서 자신이 없어요.

선생님 : 그래도 한번 해 봐. 실제로 시험에 이런 문제가 나올 수도 있지 않겠니?

용석 : 그렇기는 하죠. 그럼 해볼게요. 하인이 관리를 고발하거나 백성이 수령을 고발하는 것을 받아 주지 않고 오히려 벌준다는 내용인데, 이건 불공평한 것 같아요. 높은 사람은 살인 이외의 잘못을 해도 처벌하지 않는다는 거잖아요.

선생님 : 그래, 좋아! 잘 접근하고 있어. 보기의 내용이 '불공평' 하다는 게 중요하지.

용석 : 그럼 법을 공정하게 적용시켜야 한다는 건데…… 아, 알

았다! 답은 ①번 정의 실현이에요.

선생님 : 그래, 바로 그거야. 잘했다. 여기서 중요한 것은 정의란 우리가 흔히 생각하는 그런 정의가 아니라 공정, 공평을 의미한다는 거야.

법치주의

선생님 : 법이 꼭 있어야 하는 이유는 뭐였지?

서연 : 사람들마다 원하는 것도 다르고 추구하는 것도 다르니까 충돌하지 않게 조절할 필요가 있기 때문이죠.

선생님 : 그래, 맞아. 그리고 또 하나는 법이 없으면 통치자가 자기 맘대로 정치를 하기 때문이기도 해. 그렇게 되면 얼마나 위험한 사태가 벌어지겠니? 그래서 민주주의 국가에서는 법으로 다스린다는 의미의 법치주의(法治主義)를 원칙으로 삼고 있지. 민주주의 원리 중에 입헌주의 기억나지? 그것과 비슷한 개념이야.

용석 : 어, 그러면 사람이 지배하는 게 아니라 법이 지배하는 거잖아요? 법이 사람보다 더 높다는 건가요?

선생님 : 하하하! 아니지, 사람이 더 높지. 다시 한 번 강조하지만 모든 법은 민주주의 최고 이념인 인간존엄성을 추구하고 있어.

용석 : 참, 그렇지!

서연 : 하지만 그렇지 않은 법도 있잖아요. 감옥에 갇혀서도 "악법도 법이다"라고 말한 소크라테스의 이야기에서처럼, 악법도 분명히 있잖아요?

선생님 : 그래, 그런 법률도 많아. 예를 들면 독재자가 자기를 위한 법을 그럴 듯하게 포장해서 만들기도 한단. 어찌됐든 그

첫째 날

둘째 날

셋째 날

넷째 날

다섯째 날

여섯째 날

일곱째 날

런 악법을 만들 때에도 절차는 지키거든. 그러고는 국민들에게 꼭 법을 지키라고 하지.

서연 : 그런 게 정말 가능해요? 너무했다.

선생님 : 그렇지? 우리나라에서도 과거 군사독재 시절에는 그랬어. 그래서 실질적으로 인간존엄성을 추구하는 내용이 잘 담겨 있는 법으로 다스려야 한다는 원리가 있단다. 그걸 실질적 법치주의라고 하지.

용석 : 실질적으로 국민을 위한 법으로 다스려야 한다는 말이군요.

선생님 : 그렇지. 그럼 그 반대는 뭘까? 힌트, 법의 내용보다 아까 말한 것처럼 법을 만드는 절차만 중요하게 생각하다는 의미야.

서연 : 절차적 법치주의?

선생님 : 비슷한데, 형식적 법치주의라고 한단다.

용석 : 아하, 형식만 그럴 듯하다는 뜻이군요.

선생님 : 맞아.

서연 : 법의 정신을 잘 지키려면 실질적 법치주의를 추구해야겠네요?

선생님 : 그렇지. 그리고 실질적 법치주의는 법이 추구하는 목적과 절차가 둘 다 조화를 이룬 것이어야 한단다.

　자, 그럼 문제 하나 풀어 볼까? 이번에는 서연이가 풀어 보자.

문제 ▪▪▪▪▪▪▪▪▪▪▪▪▪▪▪▪▪▪▪▪▪▪▪▪▪▪▪

다음 중 실질적 법치주의와 관계있는 것은?

① 바그다드의 왕 리시드는 부인이 부정한 일을 저지르자 사형에 처하였다. 그는 여기서 그치지 않고 매일 밤 새로운 여자와 결혼하고, 그 다음 날 그녀를 죽이라는 명령을 내렸다.

② 서귀포시는 건축공사장에 대한 법률 위반 업체가 좀처럼 줄어들지 않자, 앞으로는 매달 정기적으로 건축허가 조건 이행 여부와 공사현장 안전관리 적정 여부, 건축공사로 인한 주민 불편사항에 대한 확인 점검에 나설 방침이다.

③ 대통령은 불법 행위로 인해 재판을 받게 된 자신의 아들에게 불리한 판결이 나올 것을 우려하여, 담당 판사를 해임하고 자신의 뜻에 따를 판사를 임명하였다.

④ 히틀러는 '국민과 국가의 위기 극복에 관한 법률'에 따라 먼저 공산당과 사회민주당을 무력으로 진압하여 붕괴시켰다. 또 노동조합 운동을 전면 금지하고 정당 결성과 활동의 자유를 봉쇄하였으며, 신문·방송 등 언론도 철저히 검열하였다.

⑤ 국회의원인 OOO씨는 건설교통 위원회에서 활동하면서, 자신이 경영하는 건설회사의 이익을 위해 개발제한 구역을 해제하는 법안을 제출하였다.

서연 : ①번은 자기 맘대로 명령을 내려 사람을 죽게 하니까 실질적 법치주의에 어긋나고, ②번은 안전과 관련된 법이 잘 지켜지지 않아 지킬 수 있도록 한다는 내용이니까 실질적 법치주의가 맞아요. ③번은 자기한테 유리하게 하려는 것이니까 아

니고, ④번은 새로 만든 법의 내용이 독재와 탄압을 위한 것이니까 아니고, ⑤번 역시 국회의원이 권한을 이용해 자기 회사의 이익을 추구하려는 것이니까 아니군요. 그럼 답은 ②번이네요.

선생님 : 이야, 이제 선생님 없어도 되겠다. 너무 잘했어.

서연 : 뭐, 사실 제가 좀 잘났죠. 선생님께서 잘 가르쳐 주신 덕분이기도 하지만. 헤헤헤.

용석 : 헉! 넌 여기서도 잘난 척하냐?

선생님 : 하하하, 서연이의 고질병을 용석이도 아는구나. 아무튼 정답 외의 다른 보기들에서 법을 만드는 절차를 무시한 것은 없어. 하지만 그 내용이 우리 인간의 존엄을 위한 것이 아니라는 점에서 형식적 법치주의란다. 다시 한 번 강조하지만 형식적 법치주의로 흘러가면 독재가 나타나고, 결국 그 피해는 우리 국민에게 돌아온단다.

용석 : 선생님, 텔레비전이나 영화를 보면 재판하는 장면이 더러
　　　나오잖아요. 그때 형법 몇 조 몇 항 또는 민법 몇 조 몇 항, 이
　　　런 대사가 나오던데, 어떻게 다른가요?

선생님 : 법의 종류를 말하는구나. 성격에 따라 분류한 건데, 지
　　　금부터 차근차근 알아보자. 한번만 설명할 거니까 잘 듣고.

서연 · 용석 : 넵!

선생님 : 좋아! 최소한의 것을 법으로 정한다고 해도 시간이 흐르
　　　고 사회가 복잡해지면서 법은 점점 더 많아질 수밖에 없겠지?
　　　그렇게 되면 어떤 문제가 생겨 해당되는 법조항을 찾으려 할
　　　때 어려움이 많을 거야. 그런데 수많은 법조항의 성격을 곰곰
　　　이 따져 비슷한 것들끼리 나눠 놓으면 어떨까? 훨씬 편하겠
　　　지? 형법이나 민법 같은 것은 이처럼 성격에 맞게 법을 분류
　　　한 것이란다.

서연 : 어떤 성격을 기준으로 구분한 건가요?

선생님 : 음, 무엇부터 할까? 우선 법의 서열부터 구분해 보자.

용석 : 법에도 서열이 있나요?

선생님 : 그럼. 잘 생각해 보면 집집마다 정해 놓은 규칙들 사이
　　　에도 서열이 있다는 걸 알 수 있어. 어떤 경우에도 반드시 지
　　　켜야 하는 거라든지 다른 어떤 규칙보다 우선되는 것 말이야.

서연 : 맞아요. 우리 집에서 제일 중요한 규칙은 '공부를 해야 한

첫째 날

둘째 날

셋째 날

넷째 날

다섯째 날

여섯째 날

일곱째 날

다'는 거예요. 저는 텔레비전과 컴퓨터를 하루 1시간씩 할 수 있거든요. 그런데 특별한 일이 생겨 밤늦게 집으로 돌아오는 날에는 그런 건 다 무시되고 공부만 해야 해요.

용석 : 맞아, 우리 집도 그래.

선생님 : 저런, 안됐구나. 하지만 너무 슬퍼하지는 말아라. 무슨 일이든 어떤 상황에서도 꾸준히 한다는 건 아주 좋은 습관이 잖아. 게다가 지금처럼만 열심히 하면 장래에 너희가 희망하는 건 뭐든 될 수 있잖아.

서연 : 그야 그렇죠. 하지만 좀 슬프긴 해요. 암튼 법 중에 제일 우선되는 법은 뭐예요?

선생님 : 너희들 헌법이라는 말 들어 봤지?

용석 : 그럼요.

선생님 : 그게 바로 법 중에서 가장 높은 법이지. 그 다음은 법률 이고, 다음이 명령, 조례, 규칙 순이란다.

용석 : 좀 복잡하군요. 그걸 다 알아야 하나요?

선생님 : 처음에는 누구나 그렇게 생각하지. 하지만 걱정하지 마. 하나하나 설명을 듣고 보면 저절로 알게 될 테니까. 우선, 헌 법의 헌(憲)은 최고라는 뜻을 가지고 있어. 즉 법 중에 최고라 는 뜻이지. 군인이 범죄를 저지르면 일반 경찰이 잡아가는 것 이 아니라 헌병이 잡아가지?

서연 : 맞아요, 헌병아저씨들 너무 멋져요.

선생님 : 어이구, 그저 멋만 알아서……. 아무튼 헌병은 군인 중 에 최고 군인이라는 뜻이지.

용석 : 아하, 그래서 헌병이라고 하는구나. 그런데 헌법 다음에는
　　　뭐라고 하셨죠?

선생님 : 그 다음은 일반 법률이지. 법률은 누가 만든다고 했지?

서연 : 국회요!

선생님 : 맞았어. 그 다음은 명령인데, 이건 대통령 등이 만드는
　　　것이야. 그리고 남은 것은 조례와 규칙인데, 이것은 다 지방
　　　자치단체에서 만든단다. 조례는 지방의회에서 만들고, 규칙
　　　은 지방자치단체의 장이 만들지.

용석 : 그러니까 중앙정부에서 만드는 법률과 명령이 더 높고, 그
　　　다음이 지방자치단체에서 만드는 조례와 규칙이란 말이군요.

선생님 : 그렇지. 생각보다 간단하지? 표로 정리해 보면 더 쉬울
　　　거야.

서열	종류	만드는 사람
1	헌법	국회
2	법률	국회의원
3	명령	대통령
4	조례	지방의회 의원
5	규칙	지방자치단체의 장

법의 서열

선생님 : 법에도 서열이 있기 때문에 법을 만들 때에는 일종의 룰
　　　(rule)이 있단다. 상위법에 어긋나는 하위법은 제정할 수 없다

는 것이지. 그러니까 헌법의 내용에 어긋나는 법률을 만들 수 없고, 법률의 내용에 어긋나는 명령이 나올 수 없는 거지.

서연 : 맞아요, 우리 집에서도 그래요. 모든 규칙이 공부에 방해 되지 않도록 정해지죠.

선생님 : 하하하, 그것 참 쓸모가 많은 예이구나.

용석 : 그런데 만약 상위법에 어긋나는 하위법이 나오면 어떻게 하죠?

선생님 : 당연히 고쳐야지. 적절한 절차를 거쳐서.

서연 : 그러니까 상위법은 하위법을 만들 때나 고칠 때 기준이 되는군요.

선생님 : 그렇지.

용석 : 그럼 법을 성격으로 분류하면 어떻게 되나요?

선생님 : 그래, 이제 법을 성격으로 분류해 보자. 우선 국가와 개인 사이의 관계를 정하는 공법(公法)이 있고, 개인과 개인끼리 의 관계를 정리한 사법(私法)이 있단다.

서연 : 아, 그러니까 공적인 것과 사적인 것으로 나누는 것이로군 요?

선생님 : 그렇지.

용석 : 구체적으로 예를 들어 주세요. 공법에는 어떤 게 있고 사 법에는 어떤 게 있는지.

선생님 : 우선 공법의 예를 들어 보자. 용석이가 크면 군대에 가 게 되겠지?

용석 : 네, 그렇겠죠. 가긴 싫지만.

선생님 : 그럼 싫다고 안 가면 어떻게 될까?

용석 : 처벌받겠죠.

선생님 : 그래, 맞아! 군대 가는 것과 관련된 법을 병역법이라고
하는데, 군대는 국가 소속의 단체이므로 병역법은 용석이와
같은 개인과 국가 간의 관계를 정하는 법인 거지. 이렇게 공
적인 법을 뭐라고 한다고?

용석 · 서연 : 공법이요.

선생님 : 그렇지. 이 외에도 공법은 많단다. 개인이 국가에 세금
을 내는 것과 관련된 세법, 행정기관과 관련된 행정법, 법원
에서 재판하는 절차를 정한 소송법, 범죄와 처벌을 규정한 형
법 등이 있지.

용석 : 국가와 관련된 것은 공법이라고 보면 되겠군요. 그럼 사법
에는 어떤 게 있나요?

선생님 : 사법은 개인과 개인 사이에 문제가 발생했을 때 적용하
는 것이라고 했지? 여기에는 재산소유, 처분, 상속 등의 문제
와 관련된 민법(民法), 경제생활과 관련된 상법(商法)이 있단다.
쉽게 이해하려면 민법은 '백성 민' 자를 쓰니까 일반 국민들
과 관련된 법이고, 상법은 상거래에 관계된 법이라고 생각하
면 돼.

용석 : 그럼 선생님, 법률은 모두 공법과 사법으로 구분되는 건
가요?

선생님 : 아니, 그렇지는 않아. 예전에는 그 두 가지로 분류했지만
말이다. 첫째 날 역사적 배경에 대해 이야기할 때 근대 민주주

첫째 날

둘째 날

셋째 날

넷째 날

다섯째 날

여섯째 날

일곱째 날

의와 현대 민주주의의 차이점에 대해 설명한 것 기억나니?

서연 : 네, 기억나요.

용석 : 전 그때 안 와서 못 들었는데요.

선생님 : 그렇구나. 그럼 서연이가 말해 보아라. 현대 민주주의의 특징이 뭐였지?

서연 : 국가가 사회적 약자를 보호하는 역할을 한다고 하셨어요.

선생님 : 그렇지. 그래서 20세기에 새롭게 나타난 법 분야가 있는데, 바로 사회법이란다. 원래 개인적 영역인 사법에 국가와 관련된 공법이 개입해서 조정하기 위해 만든 법이지. 그러니까 이것은 사법과 공법을 합쳐 놓은 것이라고 보면 돼.

서연 : 예를 들자면 어떤 법들이 있나요?

선생님 : 노동자들을 위한 노동법, 대기업의 횡포를 막고 소비자나 중소기업을 보호하기 위한 경제법, 일반 국민의 최소한의 생활을 보장해 주기 위한 사회보장법이 있지.

용석 : 그러니까 근대에는 이런 법들이 없었던 거로군요.

선생님 : 그렇지.

서연 : 좀 더 자세히 설명해 주세요. 어떻게 개입을 하는지…….

선생님 : 예를 들어 노동법을 살펴보자. 노동법 안에는 근로자의 근무조건을 정한 근로기준법, 노동조합 · 노동관계 조정법 등이 있고, 노동자의 3가지 기본권리, 즉 단결권 · 단체교섭권 · 단체행동권을 보장하고 있지.

용석 : 근무조건은 회사와 노동자 사이에서 결정되는 거 아닌가요?

선생님 : 물론 대부분은 그렇지. 하지만 아주 기본적인 것들, 예를 들면 일주일 동안 노동자가 최고 많이 근무할 수 있는 시간을 정해 놓아 그것을 초과하지 못하도록 한다든가, 최저임금을 정해 놓아 그 아래로 내려가지 못하게 하는 것은 사회법으로 정해 놓는 거야.

서연 : 아, 그러니까 근대 노동자들처럼 많은 시간을 일하고도 아주 적은 임금을 받는 것을 막기 위해 만든 법이 근로기준법이군요.

선생님 : 그렇지.

용석 : 노동조합 · 노동관계 조정법은 어떤 법인가요?

선생님 : 우선 노동자의 기본 권리부터 알아보자. 노동조합이란 어떤 회사에 다니는 노동자들끼리 만든 일종의 단체인데, 보통 줄여서 '노조' 라고 해. 노동자에게는 이 노조를 만들 권리가 있단다. 이게 바로 단결권이지. 또 노조가 회사의 경영자(사용자라고도 하지)와 어떤 문제에 대해 협상할 권리가 있는데, 그걸 단체교섭권이라고 해.

용석 : 단체를 만들어 단결하고 회사 측과 교섭을 한다는 말이군요.

선생님 : 이야, 굉장한데. 용석이도 이제 사회 도사가 되어 가는구나.

용석 : 뭘요……. 선생님 설명을 듣다 보니 용어의 뜻을 추측하는 요령이 생기는 것 같아요.

선생님 : 그거 반가운 소리다. 아무튼 경영자와 교섭하는데, 협

첫째 날

둘째 날

셋째 날

넷째 날

다섯째 날

여섯째 날

일곱째 날

노·사·정 합의

상이 안 될 때도 있겠지? 그럴 때 노동자는 뜻을 이루기 위
해 단체로 파업 등의 행동을 할 수 있단다. 이것이 단체행동
권이지.

서연 : 아, 파업하는 것도 텔레비전에서 많이 봤어요. 그런 것들
  이 노동자의 권리이군요.

선생님 : 그렇지. 사회법이 보장하는 기본적인 권리지.

용석 : 그럼 이제 노동조합·노동관계 조정법에 대해서 설명해
  주세요.

선생님 : 그건 노동자의 기본적인 권리를 보호하고, 경영자와 노
  동자 사이에 분쟁이 생겨 해결하지 못할 때나 교섭하는 과정
  에서 불법적인 일이 벌어질 때 국가가 개입을 해서 조정해 주
  기 위해 만든 법이지.

서연 : 아하, 그러니까 조정법은 중간에서 조정한다는 뜻이군요.

선생님 : 그래, 잘 이해했구나.

서연 : 그럼 경제법이나 사회보장법에도 여러 법들이 있겠네요?

선생님 : 그렇지. 경제법에는 기업의 독점이나 불공정 거래를 막는 '독점규제 및 공정거래에 관한 법률(공정거래법)', 중소기업을 보호 육성하려는 '중소기업 관계법', 기업으로부터 소비자를 보호하는 '소비자 보호법'이 있지.

서연 : 기업들이 우리가 입는 교복의 가격을 서로 짜고 올리는 것을 처벌한다든지 우리가 구입한 물건이 잘못되었을 때 환불이나 교환이 가능한 것은 이런 법들이 있기 때문이군요?

선생님 : 그렇지. 그러니 얼마나 고마운 법이니.

용석 : 선생님, 사회보장법이란 말을 잘 생각하면 사회가 보장한다는 말인 것 같은데, 어떻게 보장해 주나요?

선생님 : 그것도 법으로 정해져 있단다. 우선 전액을 국가가 부담하며 도와주는 '공공부조 관련법'이 있고, 국가와 국민이 같이 부담하는 '사회보험 관련법'이 있지!

용석 : 국가가 모두 다 부담하는 공공부조가 좋은 거네요.

선생님 : 공공부조는 정말 생활이 어려운 소년소녀 가장이나 자식이 없는 노인분들, 어려운 환경의 장애인들을 주로 도와주는 제도야. 그러니 국가가 무조건 다 해줄 거라고 기대하는 건 바람직한 자세가 아니지.

서연 : 우리가 병원에 갈 때 혜택을 받는 의료보험은 사회보험에 속하나요?

선생님 : 그렇지! 일단 국민이 조금이라도 돈을 내면 사회보험에 속해. 예를 들면 국민연금법, 고용보험법, 국민건강 보험법 등

첫째 날

둘째 날

셋째 날

넷째 날

다섯째 날

여섯째 날

일곱째 날

이 있지. 공공부조에는 의료보호법, 아동복지법 등이 있어. 지금까지 설명한 것을 표로 정리했으니 보고, 문제 하나 풀자!

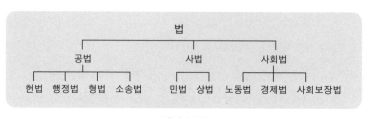

법의 분류

문제

다음은 19세기 미국 노동자의 상황을 설명한 글이다. 이 같은 상황을 해결하기 위해 나타난 법으로 보기 어려운 것은 무엇인가?

> 1800년대 후반 미국은 남북전쟁 이후 전체 1,200만 가구 가운데 총 550만 가구가 소득이 전혀 없는 상태에서 부유층 1%의 총소득은 전체 국민의 50%를 넘어서고 있었다. 당시 노동자들은 하루 14~18시간씩 생명의 위협이 느껴지는 용광로와 탄광에서 주 7~8달러의 임금을 받으며 일해야 했고, 월세 10~15달러의 판잣집에서 살아야만 했다. 어느 탄광에서는 22,800명의 노동자 중 5,500명이 7~16세 소년들이었으며 이들의 일주일 임금은 1~5달러 수준이었다.

① 생활보호법   ② 최저 임금법
③ 상법   ④ 아동복지법
⑤ 근로기준법

선생님 : 이번에는 누가 풀어 볼까?

서연 : 제가 해 볼게요.

선생님 : 그래.

서연 : 지문의 내용을 보면, 빈부의 차가 심하고 대부분의 국민들은 너무 적은 임금에 너무 많은 노동하고 있어요. 아이들까지요. 이런 사람들을 보호하기 위한 법의 분야는 사회법이니까, 이 문제는 사회법이 아닌 것을 고르라는 거군요.

선생님 : 그렇지.

서연 : 그럼 보기를 살펴볼까요? 우선 ①번은 생활하기 힘든 사람을 보호해 주는 법인 것 같고, ②번은 최저 임금을 정해 놓고 그보다 적은 임금을 줄 수 없다는 거죠. 그리고 ③번 상법은 상거래와 관련된 법으로 사법 분야에 속하죠. ④번은 약한 어린이를 보호하기 위한 법이고, ⑤번은 노동기준을 정해 근로자들이 불이익을 당하지 않도록 하는 법이죠. 그럼 답은 나왔네요. ③번이요!

선생님 : 그래, 아주 잘했다. 우리 국민의 최소한의 인간다운 생활을 위해 만든 것이 사회법이라는 거 잊지 말아라.

용석 · 서연 : 예!

선생님 : 시간이 많이 흘렀네. 오늘은 여기까지 하자. 오늘 한 내용은 다 이해했겠지?

서연 : 예, 오늘은 법의 의미와 목적 그리고 법의 분류에 대해서 공부했잖아요.

용석 : 그리고 법치주의에 대해서도요.

선생님 : 그래, 잘 기억하고 있구나. 그럼 내일은 법 적용에 대해 알아보도록 하자.

서연 : 법원과 재판에 관련된 것인가요?

선생님 : 그렇지.

용석 : 기대되는데요. 전 재판 장면이 나오는 영화를 아주 좋아하거든요. 빨리 내일이 왔으면 좋겠어요.

선생님 : 하하하, 고마운 일이다. 그럼 내일 보자.

다섯째 날 | 법 2

법의 다양한 역할

＊테마 1 **법의 적용**

＊테마 2 **재판의 종류**

＊테마 3 **국민의 권리**

＊테마 4 **국민의 의무**

법의 적용

서연 : 선생님, 안녕하세요? 저 왔어요.

선생님 : 그래, 어서 와.

용석 : 이제 오냐?

서연 : 어, 너 언제 왔어?

용석 : 오늘 이야기가 기대된다고 했잖아. 그래서 일찍 왔지.

선생님 : 아이고, 말도 마라. 벌써 30분 전에 와서 책상 정리하고
　　　　청소한다고 아주 귀찮게 구는구나.

서연 : 어찌 불평하는 소리로 안 들리고 칭찬하는 소리로 들리는
　　　　데요.

선생님 : 하하하, 눈치 챘구나. 공부하고 싶어 일찍 온 것도 기특
　　　　한데, 청소까지 하겠다고 나서니 얼마나 예쁜지 몰라.

용석 : 제가 좋아서 하는 건데요, 뭐.

서연 : 손발이 아주 잘 맞으시네요.

선생님 : 이런, 우리 서연이 삐친 건 아니겠지?

용석 : 설마, 그럴 리가요. 저를 선생님께 데려온 맘 넓은 서연이
　　　　가 그럴 리가 없죠.

서연 : '말리는 시누가 더 밉다' 는 속담 알지?

용석 : 에이, 나는 시누가 아니라 시동생이겠지.

선생님 : 하하하, 내가 너희 때문에 웃는다.

선생님 : 오늘이 벌써 다섯째 날이구나. 오늘은 어제에 이어 법에 대해 공부할 거라고 했지? 어제는 법의 의미, 분류 등을 공부했으니, 오늘은 사법부 그러니까 법원에서 주로 하는 일인 재판에 대해 알아보자. 사법(司法)이 무슨 뜻이라고 했지?

서연 : 법률로 잘잘못을 가린다는 뜻이에요!

선생님 : 그렇지. 그럼 어떤 과정을 거치면서 잘잘못을 가리는지 용석이가 한번 말해 보자.

용석 : 법원에서 재판을 통해 하지요.

선생님 : 그래, 잘했다. 그래서 샘이 사법＝법률적용＝재판＝법원, 이렇게 알아두라고 했지? 여기서 주의해야 하는 것은 어제 배운 법의 종류인 사법(私法)과 재판을 통해 잘잘못을 가린다는 뜻의 사법(司法)이 발음은 같지만 뜻은 다르다는 것이야!

서연 : 어, 정말 그러네요.

선생님 : 그래. 그럼 본격적으로 사법의 과정, 즉 법률적용의 과정에 대해 알아볼까?

용석 : 그리고 재판과정이라고 해도 되죠.

선생님 : 그렇지. 법률적용의 과정, 사법의 과정은 곧 재판의 과정이란다. 그럼 어떤 과정을 통해 재판이 이뤄질까?

용석 : 우선 사건이 생겨야 해요!

선생님 : 그래. 그런데 법원에서 재판까지 받아야 한다면 사소한 사건이 아니라 주로 심각한 사건이겠지? 그 다음은?

서연 : 법원에서 재판을 하지요!

선생님 : 옳거니! 그 다음은 발생한 사건에 해당하는 법을 찾아

첫째 날
둘째 날
셋째 날
넷째 날
다섯째 날
여섯째 날
일곱째 날

적용, 즉 최종 판결을 하겠지? 이렇게 사법과정은 보통 3단계를 거친단다.

법적 사실 발생 → 재판(법원) → 판결(법적용)

사법의 과정(법률적용 과정)

선생님 : 여기서 질문 하나! 재판장에서는 어떤 사람들을 만날 수 있을까?

용석 : 판사, 변호사, 검사요.

선생님 : 그렇지. 그럼 이 사람들이 어떤 일을 하는지 알아야겠지? 우선 판사는 너희도 알다시피 최종 결정을 내리는 사람이란다. 그럼 검사가 하는 일은 뭘까?

서연 : 범죄자들을 잡아 수사하는 사람이죠.

선생님 : 옳지. 그럼, 변호사는?

용석 : 죄인들이 잘못 없다고 잘 얘기해 주는 사람 아니에요?

선생님 : 다들 너무 잘 알고 있어서 선생님이 할 말이 없다. 그럼 정리만 해 볼게. 검사는 범죄 행위를 의심받는 사람을 조사하여 죄에 맞는 벌을 주어야 한다고 주장하는 사람이야. 그러니까 사회의 범죄를 단속하는 사람이라고 할 수 있지.

이에 반해 변호사는 변호를 의뢰한 사람의 입장에서 죄가 없다고 판단될 때에는 무죄를 주장하고, 죄가 있다고 생각될 때에는 벌을 적게 받을 수 있도록 도와준단다. 그러니까 한 사람의 권리라도 보호하려는 사람이라고 할 수 있지.

그런데 여기에서 주의해야 할 점이 있어. 아까 용석이가 말한 재판장에 있는 '죄인' 은 죄인이 아니라는 거야.

용석 : 예, 그게 무슨 말이에요?

선생님 : 죄가 있다고, 즉 유죄라고 판사가 최종판결을 내리기 전까지는 죄인이 아니라 피의자라고 한단다. 피의자란 범죄행위를 했다고 의심받는 사람이란 뜻이야. 피해자와는 전혀 다른 뜻이지.

서연 : 그럼 피고나 원고는 무슨 뜻인가요?

선생님 : 피고는 고소당한 사람이란 뜻이고, 원고는 고소를 청하거나 원한 사람이란 뜻이란다. 자, 그럼 피의자는 원고일까, 피고일까?

용석 : 피고요.

선생님 : 빙고! 오늘은 시작이 좋은 걸. 재판장에 등장하는 사람들을 부르는 용어를 알아봤으니, 이제 재판의 종류에 대해 알아보자.

첫째 날

둘째 날

셋째 날

넷째 날

다섯째 날

여섯째 날

일곱째 날

재판의 종류

선생님 : 재판의 종류를 알려면 그 재판이 어떤 법의 적용을 받는 것인지 알아야 해. 예를 들면, 우리가 배가 아프면 내과로 가고, 이가 아프면 치과, 귀나 코가 아프면 이비인후과로 가듯이 재판도 각 사건에 따라 다르거든.

용석 : 법도 성격에 따라 나뉘듯이 재판도 그렇다는 말씀이세요?

선생님 : 바로 그거야. 개인과 개인 사이의 권리나 의무를 정한 법이 뭐라고 했지?

서연 : 개인은 국민이니까 민(民)자를 써서, 민법이요.

선생님 : 그렇지. 그리고 개인끼리 다툼이 생겼을 때 하는 재판은 민사재판이라고 한단다. 예를 들어 보자. 땅의 소유 문제를 두고 김씨와 이씨 사이에 분쟁이 생겼어. 김씨가 먼저 법원에 결정지어 달라고 재판을 신청했단다. 이럴 때 하는 재판이 민사재판(民事裁判)인 거지. 그러면 이 재판에서 원고는 누구고, 피고는 누구일까?

용석 : 원고는 재판을 원한 사람이니까 김씨고, 피고는 이씨예요. 맞죠?

선생님 : 그래, 맞다. 그런데 재판 결과 그 땅이 이씨 소유라는 판결이 나왔단다. 화가 난 김씨는 이씨와 만난 자리에서 주먹다짐을 하고 말았어. 이씨는 아주 많이 다쳤지. 이들의 싸움을 말리던 주민들 가운데 한 사람이 경찰에 신고했고 김씨는

출동한 경찰에게 붙잡혔어. 이럴 땐 어떤 재판을 할까?

용석 : 우선 폭력과 관계된 법을 알아야겠네요? 이렇게 폭력을 쓰는 사람은 당연히 벌을 받아야 하는데……. 혹시 형법 아닌가요?

선생님 : 맞았어. 이런 경우 형법의 적용을 받는 형사재판(刑事裁判)을 하게 되지. 형법의 형은 '벌'이라는 뜻이란다. 형벌(刑罰)이라고 할 때도 쓰는 말이야.

서연 : 그런데 선생님, 이상한 게 있어요. 김씨, 이씨 사이의 문제이니까 민사재판 아닌가요?

선생님 : 그렇게 볼 수도 있어. 하지만 아무리 개인 사이에 발생한 일이라고 해도, 폭행, 살인, 성폭행, 방화 등은 범죄와 형벌을 규정한 형법의 적용을 받는단다. 국가나 사회 질서에 커다란 악영향을 끼치는 행위를 한 사람은 그에 맞는 벌을 주어야 하기 때문이지. 그래서 이 경우는 형사재판을 하는 거란다.

서연 : 그럼 이 재판에서 원고는 누구예요?

용석 : 그야 당연히 이씨겠지. 맞죠, 선생님?

첫째 날

둘째 날

셋째 날

넷째 날

다섯째 날

여섯째 날

일곱째 날

선생님 : 아니야, 이 재판은 민사재판이 아니라 형사재판이라고 했잖니. 여기에서 원고는 검사란다. 아까 김씨를 누가 잡아갔다고 했지?

서연 : 경찰이요.

선생님 : 그래, 이 경우 경찰이 잡아서 수사를 하고 그 자료를 검찰청의 검사에게 넘긴단다. 그러면 검사는 경찰의 수사 자료를 검토한 다음, 다시 수사하거나 자료를 보충해서 벌을 받아야 마땅한 사람이라고 판단이 되면 법원에 재판을 신청하거든. 그래서 형사재판에서는 검사가 원고가 되는 거야.

용석 : 그럼 이씨는 원고가 될 수 없나요?

선생님 : 그래. 이씨가 김씨는 벌 받아야 된다고 생각해서 재판을 원하더라도 형사재판의 신청은 검사만이 할 수 있단다. 예를 들면 살인사건이 일어났다고 했을 경우, 죽은 사람은 재판을 신청할 수 없잖니. 그래서 이런 중대한 범죄사건이 일어나면 사회질서의 유지를 위해 국가가 개입해 형사재판을 하지.

용석 : 그렇군요. 그럼 민사재판과 형사재판 이외에는 어떤 재판이 있나요?

선생님 : 우리 주변에서 흔히 볼 수 있는 재판은 아니지만, 그 외에도 여러 재판이 있단다. 우선 민주주의의 축제라고 하는 선거와 관련된 선거재판이 있지.

용석 : 아, 부정선거를 해서 당선된 사람이 재판을 받았는데, 그 결과 당선이 무효가 되었다는 뉴스를 본 적이 있어요!

선생님 : 그래, 용석이가 말한 재판이 바로 선거재판이지. 그리고

어떤 법률이 잘못되었다고 생각할 때 법 중에 최고법인 헌법의 정신에 비추어 판단을 하고자 하는 헌법재판이 있단다. 헌법재판은 가장 권위 있는 재판이라고 볼 수 있어. 그래서 가장 중요한 사안에 한해서만 재판을 한단다.

서연 : 그 중요한 일이 뭔가요?

선생님 : 민주주의에서 제일 중요한 이념이 뭐니?

서연 : 인간존엄성이요.

선생님 : 그래, 그 인간존엄성의 기본정신이 담겨 있는 기초 중의 기초인 법이 헌법이거든. 그래서 헌법재판은 기본적인 인간존엄성을 해쳐 민주주의 체제를 이루는 기본적인 제도가 지켜지지 못할 것 같은 경우에 하기도 하지. 이 부분은 국민의 기본권에 대해 이야기할 때 더 자세히 알아보자.

서연 : 그밖에 다른 재판이 또 있나요?

선생님 : 국민이 행정기관으로부터 부당하게 억울한 일을 당해 손해를 봤을 때 해당 행정기관을 재판하는 행정재판이 있단다. 음, 재판의 종류는 이 정도로 알면 될 것 같구나. 그럼 문제를 풀어 보자.

첫째 날

둘째 날

셋째 날

넷째 날

다섯째 날

여섯째 날

일곱째 날

문제

다음 설명 중 옳은 것은?

① 개인과 국가 사이의 다툼을 해결하기 위한 재판을 민사재판이라고 한다.

② 헌법 정신에 위배된 법률로 기본권을 침해당한 경우, 법원에 구제를 청구하는 일을 헌법소원이라고 한다.

③ 민사재판에서는 소송을 제기하는 사람이 원고이고 피고는 소송을 당한 국가기관이다.

④ 빵을 훔친 자가 형사재판을 받는다면 원고는 빵집주인이고 피고는 빵을 훔쳤다고 의심받는 자이다.

⑤ 행정기관으로부터 부당하게 기본권을 침해당한 사람은 행정재판을 청구할 수 있다.

선생님 : 이 문제는 용석이가 풀어 볼까?

용석 : 예. ①번은 형사재판인데 민사재판이라고 했으니까 틀렸고, ②번은…… 잘 모르겠어요.

③번은 민사재판이 아니라 행정재판이고, ④번은 형사재판에서 원고는 검사니까 틀렸어요. ⑤번은 맞는 거 같은데요. 그럼 답은 ⑤번이네요.

선생님 : 그래, 잘했다. 그런데 ②번을 잘 모르겠다고? 문제를 풀 때는 답을 아는 것도 중요하지만 다른 보기가 왜 답이 되지 않는지 아는 것이 더 중요하단다. ②번에서 헌법소원은 국가기관이 기본권을 침해했을 때 구제해 주는 재판인데, 헌법과 관련된 내용은 법원이 아닌 헌법재판소에서 맡는단다. 헌법재판소 또한 법률이 헌법에 위배되는지 여부를 심판하기도 하는데, 이를 위헌법률심판이라고 해.

다음 문제는 서연이가 풀어 보자.

첫째 날
둘째 날
셋째 날
넷째 날
다섯째 날
여섯째 날
일곱째 날

문제

다음 중 ㉮의 사례를 해결하기 위한 재판과 ㉯의 사례를 해결하기 위한 재판에 해당하는 것을 모두 고르시오.

> ㉮ 학기 초부터 약해 보였던 나슬퍼 군을 같은 반의 몇몇 학생들이 끊임없이 괴롭히고 금품을 갈취하며 심지어 심하게 때렸다. 이에 격분한 나슬퍼 군은 더 이상 참지 못하여 법에 호소하기로 했다.
>
> ㉯ 오늘 신장개업을 한 식당에 시청 위생과 직원들이 위생검사를 나왔다. 위생검사 결과, 한 달 간의 영업정지 처분을 받았으나, 주인인 부당해 씨는 공정하지 못하다며 억울해 하고 있다.

① 민사재판   ② 형사재판   ③ 헌법재판

④ 행정재판   ⑤ 헌법재판

서연 : 이건 쉽네요! ㉮는 폭력 및 금품갈취가 문제니까, 이런 범죄를 해결하기 위해서는 형사재판을 해야 하죠. 그리고 ㉯는 시청 위생과 때문에 식당 주인이 억울해 하니까 행정재판을 해야 해요.

선생님 : 아주 잘했어. 그럼 이번에는 재판을 할 때 가장 신경 써야 하는 부분에 대해 이야기해 보자. 그것이 뭘까?

용석 : 무엇보다 재판은 공정해야 하지 않을까요?

선생님 : 그렇지. 그러기 위해선 재판하는 사법부에 권위가 있어

야겠지?

용석 : 맞아요, 재판하는 것을 보면 변호사나 검사가 이야기를 시작할 때는 항상 "존경하는 재판장님"이라고 하더라고요.

선생님 : 그래, 맞아! 물론 사법부가 강압적이고 위압적이어야 한다는 뜻은 아니야. 재판이 결국에는 국민의 기본적 권리, 즉 기본권을 지켜 주는 최후의 수단이 되기 때문에 사법부의 권위가 있어야 한다는 말이지.

서연 : 사법부의 권위가 없어 문제가 된 적이 있었나요?

선생님 : 이제 선생님이 어떤 이야기를 하고 싶어 하는지 다 아는구나. 서연이 말이 맞아. 과거 군사독재 시절에는 주로 행정부의 힘이 강해 문제가 되었지. 그땐 사법부가 행정부의 눈치를 보느라고 제대로 수사하지도 않은 조작된 자료를 바탕으로 사형 등의 형벌을 내려 인권을 유린한 경우가 많았어.

서연 : 아, 그래서 사법부가 권위 있는 곳이 되어야 하군요.

선생님 : 그렇지. 그런데 권위와 '권위적'이란 말을 혼동해서는 안 돼. 많은 사람들이 존경하는 마음을 가지면서 저절로 나오는 힘을 권위라고 한다면, 권위적이라는 말은 자기 혼자서 힘으로 누르려고 할 때 많이 사용된단다. 어쨌든 이러한 이유로 사법부는 권위 있는 국가기관이어야 하고, 어느 권력기관에도 눈치 보지 않고 공정한 재판을 할 수 있도록 독립된 기관이어야 한단다.

서연 : 아하, 둘째 날 선생님께서 말씀하신 3권분립이 중요한 이유가 바로 여기에 있군요.

선생님 : 그렇지.

용석 : 그렇지만 독립된 기관이라고 말만 해서 되는 건 아니잖아요.

선생님 : 물론이야. 용석이가 아주 중요한 지적을 했다. 사법부의 독립이 보장되려면 제도적인 뒷받침이 필요하지. 예를 들면 소신을 가지고 재판할 수 있도록 법관의 신분을 보장해 주는 거야. 정권이 바뀔 때마다 판사가 바뀐다든지, 정당하고 합법적인 것인데도 재판결과에 책임을 지게 한다든지 하면 무서워서 재판하기 힘들 테니까.

용석 : 그럼 정당하지 못한 재판을 하는 경우에는 어떻게 해요? 재판이 잘못되어 억울하게 처벌받는 사람이 있으면요?

선생님 : 그래, 법관도 사람이기 때문에 실수할 수도 있어. 실제로 그런 경우도 있고. 그래서 한 번의 재판으로 끝나는 것이 아니라 세 번까지 재판할 수 있는 3심제가 있지.

용석 : 그건 어떻게 하는 건데요?

선생님 : 우선 이해하기 쉽도록 그림부터 보자.

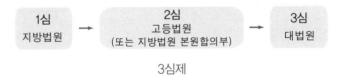

3심제

선생님 : 그림에서 보는 것처럼 처음 재판을 1심이라고 하는데, 이것은 각 지역마다 있는 지방법원에서 하지. 그리고 1심 재

첫째 날
둘째 날
셋째 날
넷째 날
다섯째 날
여섯째 날
일곱째 날

판에서는 보통 법관이 1명인데, 이런 재판을 '단독부'라고 한다.

용석 : 단독으로 한다는 뜻이군요?

선생님 : 그렇지. 1심 재판 결과가 억울하다는 생각이 들 때에는 다시 재판을 신청하는데, 이것을 항소라고 해. 항소를 해서 재판을 받게 되면 이것을 2심이라고 하는데, 보통 지방법원보다 높은 상급법원인 고등법원에서 하지. 이때는 법관도 여러 명이고.

서연 : 재심한다는 말은 무슨 뜻이에요? 텔레비전에서 들은 적이 있는데.

선생님 : 심판을 다시 받는다, 즉 재판을 다시 한다는 뜻이지. 1심, 2심할 때 쓰는 '심' 자와 같은 글자겠지?

용석 : 2심을 받고도 억울할 때는 어떡해요?

선생님 : 그래도 억울하면 다시 한 번 재판을 청구할 수 있어. 이것을 상고라고 하는데, 상고해서 하게 되는 재판을 3심이라고 하고 가장 높은 법원인 대법원에서 한단다. 그리고 항소와 상고를 합해서 상소제도라고 하지.

용석 : 모든 재판이 다 3심제인가요?

선생님 : 아니, 그렇지 않아. 대통령이나 국회의원 같은 중요 공무원 선거와 관련된 선거재판을 한 번만 하는 단심제란다.

용석 : 왜요?

선생님 : 형사재판에서처럼 재판 결과로 사람을 죽이는 사형선고와 같은 벌은 없으니까 한 번으로 끝낸다. 하지만 선거재

판은 민주주의를 유지하는 데 굉장히 중요한 제도이기 때문에 단 한번이라도 아주 신중히 처리하지. 그럼 선서재판은 어느 법원에서 할까?

서연 : 더 이상 재판을 요청할 수 없으니까, 대법원에서 하지 않을까요?

선생님 : 그렇지. 이렇게 척척 이해하니까 가르치는 재미가 날이 갈수록 느는구나. 그럼 다시 한 번 정리하자. 재판을 3번까지 받을 수 있는 게 뭐라고?

용석 · 서연 : 3심제요!

선생님 : 좋아! 그럼 항소나 상고를 할 수 있는 제도를 뭐라고 하지?

서연 : 상…… 뭐였는데. 아, 상소제도요.

용석 : 용어가 좀 어려워요.

선생님 : 그래, 그럴 거야. 상소(上訴)는 조선시대에도 있었지. 사극에서 "전하! 상소문이 올라왔습니다" 하는 대사 들어 봤지?

용석 : 네, 주로 왕에게 항의하는 내용이었던 것 같아요.

선생님 : 맞아. 텔레비전 프로그램도 잘 선택해서 보면 이렇게 상식이 풍부해진다니까. 상소라는 말을 풀이해 보면 위(上)에 하소(訴)연을 한다는 뜻이란다. 1심의 결과가 억울하다고 2심을 요청하는 것을 항소(抗訴)라고 한다고 했지? 이것도 억울함을 '항의하며 하소연한다'는 뜻이야. 그리고 2심 결과에 불복해서 마지막 3심을 요청하는 상고(上告)는 최종적으로 위(上)에 고(告)한다는 말이란다.

첫째 날

둘째 날

셋째 날

넷째 날

다섯째 날

여섯째 날

일곱째 날

서연 : 이해는 되는데 아직 좀 헷갈려요.

선생님 : 그렇다면 이렇게 외우면 어떨까? 선생님이 수업할 때
자주 쓰는 방법인데, '항상 고소'라고 말이야.

서연 : 그게 뭐예요?

선생님 : 항상고소! 무슨 말인지 모르겠니?

용석 : 아하, 알겠다. 그 속에 항고, 상고, 상소가 다 들어 있네요.

선생님 : 그렇지.

서연 : 히히히, 암튼 재미있으시다니까.

용석 : 상소제도 말고 재판이 잘못되는 것을 막기 위한 다른 제도
는 없나요?

선생님 : 있지. 재판으로 나타날 수 있는 작은 피해도 막기 위해
'범죄와 형벌을 법률로 정한다'는 죄형법정주의 원칙이 있
고, 아까 이야기한 것처럼 유죄판결 전까지는 피의자를 무죄
로 추정(간주)한다는 무죄추정의 원리가 있어.

서연 : 그런데 선생님, 드라마에서 보면 형사들이 범죄자를 체포
할 때 영장을 보여 주며, "변호사를 선임하고 묵비권을 행사
할 권리가 있다"고 하던데, 그건 뭔가요?

선생님 : 그래, 그것도 우리의 권리를 보호하기 위해 있는 제도란
다. 우선 영장에 대해 알아보자. 절대주의 시대나 독재시절에
는 통치자 맘대로 잡아갈 수 있었어. 그러니 당시 사람들은
얼마나 불안했겠니? 그래서 지금은 법원에서 발급한 '구속영
장'이 있어야 잡아갈 수 있도록 정해 놓은 거야. 물론 범죄를
저지르는 순간에 발각되는 경우는 예외지.

용석 : 아, 현행범 말이군요.

선생님 : 그렇지. 또 구속영장에 의해 구속되었다 하더라도 억울하다고 생각될 경우에는 구속적부 심사(拘束適否審査)라는 제도가 있어 법원에 호소할 수 있단다. 만약 구속이 마땅치 않다고 여길 경우 법원은 그 사람을 풀어 주게 하지.

서연 : 그러니까 구속이 적합한지 부적합한지 심사한다는 거네요?

선생님 : 맞아. 이제 용어 풀이도 잘하는구나. 그리고 묵비권이란 침묵할 권리를 말해. 조사를 받을 때 자기에게 불리한 진술을 하도록 강요받으면 안 되겠지? 그럴 때는 말하지 않을 권리가 있는 거지.

또 이것과 비슷하게 강요받지는 않았지만 경찰의 유도 심문에 나도 모르게 한 대답이 재판에 불리하게 작용할 수도 있지. 만약 그럴 것 같으면 말하지 말고 변호사를 불러 달라고 하면 돼. 이것을 불리한 진술 거부권이라고 한단다.

용석 : 그러고 보니 우리의 인권을 지켜 주기 위해 제도가 많네요!

선생님 : 그럼, 민주사회의 주인은 우리니까 우리의 권리가 침해당해 억울한 일이 생기면 안 되잖니.

서연 : 선생님, 우리에게는 또 어떤 권리가 있어요?

선생님 : 우리의 권리를 아는 일은 무척 중요하단다. 우선 문제부터 하나 풀고 그것에 대해 이야기하자. 이번에는 용석이 차례지?

첫째 날

둘째 날

셋째 날

넷째 날

다섯째 날

여섯째 날

일곱째 날

다음은 사법과정에서 보장된 시민의 권리에 대한 설명이다.
잘못된 것은?

① 헌법소원 – 헌법에 보장된 권리가 침해된 경우
② 죄형법정주의 – 범죄 및 형벌을 미리 법률로 정해 놓은 것
③ 무죄추정의 원칙 – 형이 확정되기 전까지는 피고인을 무죄
　로 추정하여 인권 침해를 방지하는 것
④ 구속적부 심사제 – 체포나 구금을 당할 경우 즉시 변호사의
　도움을 받을 수 있는 권리
⑤ 고문이나 부당한 대우를 받지 않을 권리

용석 : 음, ④번이 정답이에요. 구속적부 심사제는 구속당한 사람
　　이 법원에 억울함을 말하면 법원이 그 구속이 합당한 것인지
　　아닌지를 심사하는 거잖아요.

선생님 : 맞아, 정확하게 말했어. 이제 문제 푸는 속도도 아주 빨
　　라졌구나. 자, 이제 우리의 권리에 대해 알아보자.

국민의 권리

첫째 날

둘째 날

셋째 날

넷째 날

다섯째 날

여섯째 날

일곱째 날

선생님 : 우리가 지금 누리고 있는 권리는 거저 얻은 게 아니라고 했던 말 기억하고 있지? 첫째 날 공부한 역사적 배경을 잘 생각해 보면 알 수 있을 거야.

서연 : 예, 민주주의는 피와 땀으로 이루어낸 것이라고 하셨죠.

선생님 : 그래, 맞아. 그때 왕권신수설에 반대되는 것으로 인간의 권리에 대해 설명하는 말이 있었는데, 기억하니?

서연 : 천부인권 말인가요?

선생님 : 그래, 인간의 존엄한 권리는 하늘로부터 받았다는 내용인데, 미국 독립선언문이나 프랑스 인권선언에도 나와 있지. 그럼 무엇이 인간을 존엄하게 해주는 것이라고 했지?

서연 : 자유와 평등이요!

선생님 : 그래, 바로 그거야! 우리가 가지고 있는 기본적 권리를 기본권이라고 하는데, 여기엔 행복추구권, 자유권, 평등권이 있단다. 또 정치에 참여할 수 있는 참정권, 최근에 강조되고 있는 사회권, 국가에 무언가를 요청할 수 있는 청구권이 있지.

용석 : 참 신기한 일이에요. 이제 용어만 들어도 대충 뜻을 알 것 같거든요.

선생님 : 그렇지?

서연 : 저도 그렇긴 해요. 하지만 뭐라고 설명하기는 어려워요. 좀 더 자세히 이야기해 주세요. 그래야 우리도 당당하게 권리

를 주장할 수 있잖아요.

선생님 : 그래, 바로 그거야! 그런 자세를 가져야 해. 우선 자유권 부터 알아보자. 이것은 가장 오래된 기본권이란다. 왜 그럴까?

서연 : 시민혁명 당시 자유를 원했기 때문이죠.

선생님 : 그래, 제대로 아는구나. 그럼 자유권에는 구체적으로 어떤 게 있을까? 가장 중요한 것으로 국가가 함부로 체포하거나 고문할 수 없는 신체의 자유가 있고, 거주이전·언론·출판·집회·결사·양심의 자유 등이 있단다.

그런데 자유권은 국가에 무언가를 적극적으로 달라고 원하는 것이 아니라 그냥 간섭 말고 내버려 두라는 뜻이므로 소극적 권리라고 하지.

용석 : 그럼 적극적인 권리도 있겠네요?

선생님 : 물론이지. 뭘까? 아까 잠깐 얘기했는데.

서연 : 글쎄요.

선생님 : 최근에 강조되고 있는 권리라고 했는데……. 그럼 현대 민주주의와 근대 민주주의의 차이는 알고 있지? 현대 국가의 특징이 뭐였지?

서연 : 국가가 국민의 최소한의 인간다운 생활을 위해 일하는 복지국가요!

선생님 : 그래, 그러면 복지국가에서 강조된 법 분야는 뭐였지?

용석 : 사회법이에요.

선생님 : 그래, 잘했다. 그럼 용석이가 말해 보아라. 국가에 적극적으로 뭔가를 요구하는 적극적인 권리는 뭘까?

용석 : 아, 사회권 말이군요?

선생님 : 그래, 맞아. 사회권은 국민이 최소한 인간다운 생활을 하기 위해 국가로부터 취업이나 교육, 쾌적한 환경을 보장받을 권리란다.

또 평등권이 있는데, 이건 다 알지? 무조건적인 평등이 아니라 부당한 차별을 받지 않을 권리를 말한단다. 즉, 법 앞에 평등, 기회의 평등, 능력에 따른 공정한 차별 등을 말해.

그리고 셋째 날 민주주의의 여러 제도에 대해 알아볼 때 배웠던 선거와 관련된 권리인 참정권이 있지.

용석 : 선거가 왜 권리예요? 의무 아닌가요?

선생님 : 요즘은 사람들이 정치에 관심들이 없어서 그렇게 느낄 것 같은데, 참정권이 없다면 우리가 정치인들을 뽑을 수도 없고 정치인이 될 수도 없단다. 어떻게 보면 참정권은 우리의 생명과도 같은 권리지.

용석 : 말씀을 듣고 보니 정말 그러네요. 그러니까 그동안 우리가 권리를 제대로 누리지 못한 것이로군요.

선생님 : 그래, 안타까운 일이지. 누가 강제로 시키지 않더라도 자발적으로 누려야 하는 권리인데 말이야. 그래서 참정권을 능동적 권리라고도 한단다.

마지막으로 다른 사람이 자신의 권리를 무시하는 경우가 생기면 국가에게 침해당한 내 권리를 다시 보장해 주고 보상해 달라고 요구하는 청구권이 있단다.

용석 : 어떠한 방법으로 청구하나요?

선생님 : 재판을 청구할 수도 있고, 문서를 통해 국가기관에 요구
할 수도 있지.

용석 : 만약 국가기관이 우리의 요구를 무시하면요?

선생님 : 그럼 국가를 상대로 재판을 하면 되지. 그래서 청구권은
우리의 기본권을 잘 기키기 위한 수단적 성격의 권리라고 한
단다. 이제, 기본권을 다 배웠네. 다들 알겠지?

행복추구권	행복을 추구할 권리	특징
자유권	신체의 자유, 거주이전 · 언론 · 출판 · 집회 · 결사 · 양심의 자유	소극적 권리
평등권	법 앞에 평등, 기회의 평등, 능력에 따른 공정한 차별	다른 기본권 보장의 전제조건
참정권	국정에 참여할 수 있는 권리	능동적 권리
사회권	최소한 인간다운 생활을 하기 위해 취업이나 교육, 쾌적한 환경을 보장받을 권리	적극적인 권리
청구권	권리를 보장해 주고 침해당한 권리를 보상해 달라고 요구하는 권리	수단적 성격의 권리

기본권=공적 권리

서연 : 그런데 우리 권리가 이것 말고는 없나요? 기본권은 말 그
대로 최소한 누구나 갖는 권리라는 뜻이잖아요?

선생님 : 그래, 서연이 말이 맞다. 기본권은 우리나라의 국민이면
누구나 다 갖는 아주 최소한의 권리란다. 이 기본권은 국가가
보장해 주는 권리이기 때문에 공적 권리라고 한다.

용석 : 법에도 공법과 사법이 있듯이 권리에도 공적 권리와 사적 권리가 있다는 말이군요?

선생님 : 그렇지. 그럼 사적 권리는 개인과 개인 사이에 보장되어야 할 권리를 말하겠지? 예를 들면 인격권, 신분권, 재산권 등이 있어.

그런데 사적 권리는 다른 사람으로부터 얻는 것이기 때문에 이를 둘러싸고 말썽이 일어나기도 한단다. 예를 들면 용석이가 서연이에게 1,000원을 빌려 줬다고 하자. 그럼 용석이는 서연이에게 1,000원을 받을 사적인 권리가 있는 채권자가 되고, 서연이는 반대로 1,000원을 갚을 책임과 의무가가 있는 채무자가 된단다. 그런데 서연이가 안 갚으면 어찌 될까?

용석 : 민사재판을 받아야죠.

선생님 : 그렇지. 하지만 그 전에 사적 권리는 개인 간에 주고받는 권리이기 때문에 신뢰를 바탕으로 성실히 이행해야겠지. 이것을 신의 성실의 원칙이라고 한단다.

그런데 요즘 돈을 빌려 주고 너무 높은 이자를 붙여 받는 고리대금업자가 이자를 내지 못한다고 협박하거나 폭력을 행사해 사회문제가 되고 있지? 사채업자들에게 돈을 받을 권리는 있지만, 이 권리를 이용해서 채무자에게 함부로 할 수는 없단다. 권리남용 금지의 원칙에 어긋나기 때문이지.

서연 : 아! 얼마 전 인기 드라마 쩐의……

선생님 : 그렇게 특정 프로그램을 함부로 인용하는 것도 법에 저촉될 수 있어. 최근 들어 아주 중요한 문제로 떠오르는 건데,

바로 저작권이라는 게 있지. 창작물을 보호받을 권리란다. 음악뿐만 아니라 문학이나 학술, 예술에 관계된 모든 창작물에 적용되지.

용석 : 한·미 FTA(자유무역협정)에서도 저작권을 두고 협상했다던데요?

선생님 : 그래, 맞다. 용석이가 다양한 분야에 관심을 두고 있구나. 아주 좋은 자세야. 자, 지금까지 우리는 우리의 권리에 대해 알아보았다. 그런데 하나 더 말해 둘 게 있구나.

서연 : 그게 뭔가요?

선생님 : 우리에게는 어떤 권리도 침해당하지 않을 권리가 있지만, 때에 따라서는 기본권을 제한하는 경우도 있다는 거야. 예를 들면 전쟁이 일어났어. 그런데 자기 맘대로 돌아다니면 어찌 되겠니?

용석 : 전쟁이 일어났는데도 자기 맘대로 행동하면 다른 사람의 생명까지 위험해질 수 있어요.

선생님 : 그렇지. 그러니까 국가 안전을 보장해야 하는 경우, 질서유지, 공공복리에 필요한 경우에는 기본권이라도 제한할 수 있단다.

용석 : 그럼 좀 불편하겠네요?

선생님 : 그래, 불편하지. 그래서 함부로 제한할 수는 없고 법치주의 원칙에 따라 국회에서 제정한 법률에 근거해야 한단다.

서연 : 그래도 애매한 경우가 있을 것 같아요. 법적으로 기본권을 제한하는 방법이 잘못 사용될 수도 있잖아요?

선생님 : 그래, 그럴 수 있어. 군사독재 시절에 실제로 그런 일이 있기도 했지. 하지만 피치 못할 이유로 기본권을 제한한다 하더라도 그 본질은 제한할 수 없도록 되어 있단다. 또 아무리 인간은 존엄하다고 하더라도 실제로 법과 제도가 지켜지지 않는다면 아무 소용이 없지? 그래서 만약의 경우를 대비해서 여러 장치를 해 뒀단다.

서연 : 그럼 실제로 우리가 권리를 침해당했을 때는 어떻게 할 수 있나요?

선생님 : 만약 개인에 의해 권리가 침해당했을 때, 즉 다른 사람이 폭력을 가했다든지 아니면 재산에 손해를 끼쳤을 때 형사재판이나 민사재판을 통해 권리를 구제받을 수 있지.

그런데 권력을 가지고 있는 국가기관이 우리의 권리를 침해했을 때는 어떻게 할까? 우선 어떤 국가기관인지 알아야겠지? 서연아, 국가기관을 몇 개로 나눈다고 했지?

서연 : 3권 분립이니까, 3개요!

선생님 : 그렇지. 그럼 입법부, 즉 국회에 의해 침해당했을 때는 어찌해야 할까?

용석 : 국회가 우리의 권리를 침해할 수도 있나요? 국회와 우리가 직접적으로 관계되는 일은 별로 없을 것 같은데요.

선생님 : 국회가 일반국민에게 직접적으로 피해를 주는 경우는 사실 드물어. 그런데 국회는 주로 어떤 일을 한다고 했지?

서연 : 법률제정을 하죠.

선생님 : 맞아, 바로 그거야. 국회가 만든 법이 잘못되어 우리가

첫째 날
둘째 날
셋째 날
넷째 날
다섯째 날
여섯째 날
일곱째 날

피해를 보는 경우가 있단다. 이럴 경우 그 법을 고쳐야 하는데, 함부로 고칠 수는 없지?

용석 : 그럼 어떻게 해요?

선생님 : 모든 법의 기초가 되고 기준이 되는 헌법의 정신에 비추어 잘된 법인지, 잘못된 법인지를 가려내야 하지. 이런 일을 하는 곳이 바로 헌법재판소, 줄여서 헌재란다.

용석 : 사법부에서도 우리의 권리를 침해하는 경우가 있나요?

선생님 : 물론이야. 사법부에서 하는 일을 주로 재판이잖니? 그 재판의 결과로 우리 기본권이 침해되었을 경우가 있겠지? 그럼 어찌해야 하니?

용석 : 아하, 그건 알겠어요. 다시 재판해 달라고 하면 되죠!

선생님 : 그래, 그것을 우리는 상소제도라고 한다고 했지? 자, 그럼 우리 생활과 직접적인 관계가 있는 행정부가 남았지? 사실 행정부에 의해 우리의 권리가 침해당하는 경우는 많기 때문에, 이건 약간 복잡해! 그러니 잘 들으렴.

우선 행정부의 수장인 대통령이나 각 부에서 만든 명령 혹은 규칙이 잘못되어 우리가 피해를 볼 때가 있겠지? 이럴 때에는 그 명령이나 규칙을 없애거나 바꿔야 하는데, 이것도 함부로 할 수는 없고 기준이 되는 법에 근거해서 해야 한단다. 그럼 기준이 되는 법은 뭘까?

용석 : 법률 아닌가요?

선생님 : 그렇지. 이유를 설명할 수 있겠니?

용석 : 법의 서열이 헌법-법률-명령-조례-규칙 순이니까, 법률

을 고칠 때는 헌법이 기준이 되고 명령이나 규칙의 기준은 법률이 되는 거잖아요.

선생님 : 정말 잘했다. 용석이는 법에 대해 관심도 많고 이해도 빠르니까, 법관이 되는 것도 좋겠어.

용석 : 사실 저도 그러고 싶어요.

선생님 : 그랬구나. 아무튼 여기서 중요한 것은 하위법은 상위법의 내용에 어긋나서는 안 된다는 거야.

서연 : 그럼 명령과 규칙이 잘못된 것인지 아닌지는 누가 판단하나요?

선생님 : 서연이도 이미 알고 있는 곳이란다. 법률을 통해 잘잘못을 가리는 곳 말이야.

서연 : 아하, 법원이요?

선생님 : 그렇지. 명령과 규칙의 심사 역시 법원에서 하는 일인데, 법원 중에서도 가장 형님 법원인 대법원에서 한단다.

자, 그럼 우리 주변에 가장 가까이 있는 행정기관은 뭐지?

서연 : 동사무소도 있고 시청도 있어요.

선생님 : 그렇지. 이런 기관들이 일을 잘못해서 우리가 피해를 보면 어찌할까?

용석 : 어쩌긴요? 가서 따져야죠.

선생님 : 그렇게 해서 해결되면 다행이지만, 만약 그렇지 않으면 피해를 준 기관을 심판해 달라고 요청할 수 있단다. 예를 들어 동사무소가 잘못했을 경우 동사무소보다 높은 행정기관인 시청 같은 곳에 요청하는 거지.

첫째 날

둘째 날

셋째 날

넷째 날

다섯째 날

여섯째 날

일곱째 날

159

이렇게 상급 행정기관에 해당기관을 바로 잡아 달라고 요청하는 것을 행정심판이라고 해.

서연 : 행정재판을 신청해도 되지 않나요?

선생님 : 그렇지. 법원에 행정기관을 상대로 재판을 요청할 수도 있어. 이것을 행정재판이라고 한다고 했지? 여기서는 행정심판과 행정재판을 각각 어디서 하는지 혼동하지 말아야 해.

서연 : 그다지 어려워 보이지는 않는데요. 재판은 법원이 하는 일이니까, 행정재판도 법원이 하는 거라고 생각하면 되잖아요.

선생님 : 맞았어, 바로 그거야. 시간이 지난 뒤에도 잊지 말아라. 그럼 권리에 대한 이야기는 거의 다 한 것 같구나. 마지막으로 헌법재판소에 대해 잠깐 알아보도록 하자. 헌법재판소는 국가기관 중 어디에 속할까?

용석 : 사법부요.

선생님 : 흔히 그렇게들 생각하는데, 사실은 어디에도 속하지 않는 독립된 기관이란다. 민주주의의 근본이 되는 헌법의 수호와 인간존엄성을 지키기 위한 최고의 기관이라고 보면 되지.

서연 : 그럼 우리의 기본권 보장도 최종적으로는 여기서 하겠네요?

선생님 : 그렇다고 볼 수 있어. 또 국가기관 세 곳이 서로 대등하게 맞설 때 중재를 하기도 하지. 특히 최근 들어 부쩍 바빠진 곳이야.

서연 : 구체적으로 어떤 일을 하나요?

선생님 : 아까 말한 위헌법률 심판을 하고, 대통령 탄핵 심판, 정당해산 심판, 헌법소원 등을 하지.

국민의 의무

첫째 날

둘째 날

셋째 날

넷째 날

다섯째 날

여섯째 날

일곱째 날

선생님 : 우리의 권리를 알아봤으니 이제 의무도 알아봐야겠지? 우리가 반드시 해야 하는 의무에는 무엇이 있을까?

용석 : 국방의 의무요.

서연 : 세금 내는 납세의 의무요.

선생님 : 그밖에 다른 것은?

서연 : ……. 다른 건 잘 생각이 안 나요.

선생님 : 그럴 거야. 다른 건 의무인 것 같기도 하고 아닌 것 같기도 하니까. 교육받을 의무, 근로의 의무, 환경보전의 의무가 있단다.

용석 : 선생님이 지금 말씀하신 것들은 권리가 아닌가요?

선생님 : 권리이기도 하고 의무이기도 한 거지. 그리고 헌법에 나와 있지는 않지만 가장 중요한 준법의 의무도 있단다. 아무리 좋은 법이나 제도가 있다하더라도 지키지 않으면 소용이 없겠지? 자, 이제 권리와 의무에 대한 문제를 풀어 보자.

문제 ▮▮▮▮▮▮▮▮▮▮▮▮▮▮▮▮▮▮▮▮

다음 기사의 ⓐ와 ⓑ에 들어갈 말로 옳게 짝지어진 것은?

> 지난 12일 주민등록증을 발급받으러 신안동사무소를 찾은 천안 모여고 2학년인 이모(17세, 천안시 신부동) 양은 지문날인을 하

라는 동사무소 직원의 요구를 받아들이지 않았다. 이양은 이날 "주민등록증 시행령(33조) 어디에도 지문을 찍어야 한다는 규정이 없다"며 지문날인을 거부한 이유를 밝혔고, 동사무소 측은 주민등록증을 발급하지 않았다.

이에 이양은 "지문날인은 ⓐ 에 보장된 국민의 기본권 가운데 사생활 비밀의 자유와 신체의 자유 등을 침해한다"는 점을 들어 ⓑ 을/를 준비중이다. 미성년자인 이양은 부모의 동의를 얻어 시민단체인 '지문날인반대연대'와 협의해 ⓑ 을/를 진행할 계획이라고 밝혔다.

연합뉴스 2004년 1월 20일

① ⓐ노동법 - ⓑ헌법재판　② ⓐ민법 - ⓑ민사소송
③ ⓐ형법 - ⓑ형사소송　④ ⓐ사회보장법 - ⓑ행정소송
⑤ ⓐ헌법 - ⓑ헌법소원

용석 : 제가 해 볼게요. 자신은 없지만.

선생님 : 틀려도 좋으니 자신감을 갖고 해 보렴. 자꾸 풀어 봐야 실력이 늘지.

용석 : 예. 정답은 ⑤번인 것 같아요. 기본권을 보장하는 법은 헌법이니까, ⓐ에는 헌법이 들어가야 하거든요. 사실 ⓑ는 잘 모르겠지만 ⓐ에 헌법이 들어간 보기는 ⑤번밖에 없잖아요.

선생님 : 아무튼 잘했다. 보충설명을 하자면, 헌법과 관련된 재판은 헌법재판소에서밖에 할 수가 없단다. 헌법소원은 국민이 국가기관으로부터 기본권을 침해당했을 때 헌법재판소에 구

제를 요청하는 것이라고 했지?

자, 다음 문제는 서연이가 풀어 보자.

문제

국민의 권리와 의무에 대한 설명 중 바른 것은?

① 헌법에 규정된 국가에 대한 국민의 의무에는 국방, 준법, 납세, 재산권 행사, 공공복리 적합의 의무, 환경보전의 의무 등이 있다.

② 국민이 사적인 의무나 공적인 의무를 이행하지 않을 경우, 그 사람은 반드시 처벌을 받도록 법에 규정되어 있다.

③ 공적인 권리의 행사에는 제한이 없다.

④ 헌법에 규정된 것은 아니나 민주 시민의 당연한 의무는 근로의 의무이다.

⑤ 사적 권리의 행사는 원칙적으로 권리를 가진 사람의 자유이다.

서연 : 정답은 ①번과 ②번이에요. ③번에서 공적 권리는 기본권인데 이것은 법률로 제한할 수 있으니까 틀렸고, ④번은 근로의 의무가 아니라 준법의 의무이니까 틀렸어요. ⑤번도 틀린건데 왜 그런지는 잘 모르겠어요.

선생님 : 권리가 가진 사람이라고 해도 함부로 행사하면 안 된다고 했지? 그걸 무슨 원칙이라고 했는데…….

서연 : 아, 권리남용 금지의 원칙이요.

첫째 날

둘째 날

셋째 날

넷째 날

다섯째 날

여섯째 날

일곱째 날

선생님 : 맞았어. 그런데 보기 ②번에서 사적인 의무나 공적인 의
무를 이행하지 않을 경우, '반드시' 처벌받는다는 게 이상하
지 않니? 예를 들어 세금을 안 냈다고 무조건 처벌할까? 또
개인끼리 돈을 안 갚았다고 해서 항상 엄벌에 처하겠니? 아니
지? 그래서 답은 ①번이란다.

자, 이렇게 해서 이틀에 걸친 법에 대한 이야기는 모두 끝이
났다. 이 정도면 기초는 세워진 거란다. 좀 더 확실하게 하고
싶으면 여러 종류의 책도 읽고 문제들도 풀어 보렴.

서연 : 그럼 내일은 뭘 공부하나요?

선생님 : 내일부터는 경제에 대해서 공부하기로 하자.

여섯째 날 │ 경제 1

경제의 정의와
경제활동

✱테마 1 **경제활동의 의미**

✱테마 2 **경제체제의 변천**

✱테마 3 **미래의 경제**

✱테마 4 **자원의 희소성**

✱테마 5 **기회비용과 합리적 선택**

경제활동의 의미

서연·용석 : 선생님, 안녕하세요?

선생님 : 어서 오너라.

서연 : 이것 좀 드셔 보세요.

선생님 : 어, 이거 만두잖아. 웬 거니?

서연 : 엄마가 만드셨는데, 선생님이 만두를 좋아하신다니까 싸 주셨어요.

선생님 : 그래? 어머니께 감사하다고 말씀 드려라. 같이 먹자꾸나.

용석 : 잘 먹겠습니다.

선생님 : 그런데 오늘은 무슨 공부를 하기로 했지?

서연 : 경제요!

용석 : 선생님, 저는요 경제는 정말 정말 모르겠어요. 특히 그래 프만 나오면 미칠 지경이랍니다.

선생님 : 너무 걱정 마라! 역사적 배경도 공부했고, 정치나 법도 이미 공부했잖니? 경제 역시 그것들과 연관되어 있어 어렵지 않게 배울 수 있어. 자, 그럼 이제 경제의 늪에 빠져 들어가 볼까?

선생님 : 우선 경제가 무슨 뜻인지부터 이야기해 보자꾸나.

서연 : 주식, 기업, 돈……. 뭐 이런 거 아닌가요?

선생님 : 그렇지, 바로 그거야. 어려운 용어들은 나중에 차근차근

공부하기로 하고. 쉽게 말하면, 경제란 먹고 사는 모든 활동을 말해 우리가 돈을 벌고 시장에 가서 무엇을 사고…… 이런 행동들이 먹고 살기 위해 그러는 것이니까.

이것을 조금 어려운 말로 하면, 경제활동이란 생산, 분배, 소비인 거지. 그럼 문제 하나 풀자!

용석 : 벌써요?

선생님 : 그래, 간단하지만 중요한 거라서 먼저 풀어 보는 거야.

문제

다음 중 경제활동이 잘못 연결된 것을 골라라.

> 최임스던 씨는 ① 컴퓨터 회사에서 일한다. ② 아침에 버스로 출근해서 점심을 사 먹고, 퇴근 후에는 극장에서 ③ 영화감상을 즐겨 하지만, 여자 친구가 없어 늘 혼자 간다. 매월 21일은 월급날이라 통장에 들어온 ④ 월급 200만원을 보며 흐뭇해한다. 그리고 그날엔 꼭 ⑤ 쇼핑을 한다.

① 생산   ② 소비   ③ 소비   ④ 생산   ⑤ 소비

용석 : ①번은 회사에 생산하러 가니까 맞고, ②번은 버스비를 내니까 소비가 맞아요. ③번은 극장에 관람료를 내니까 소비가 맞고, ④번은 200만 원 벌었으니까 생산이 맞고, ⑤번도 소비가 맞는데……. 어, 답이 없는데요.

서연 : 그러게. 문제가 잘못된 거 아니에요?

첫째 날

둘째 날

셋째 날

넷째 날

다섯째 날

여섯째 날

일곱째 날

선생님 : 그럴 리가 있나. 답은 ④번이란다.

용석 : 200만 원을 벌었으니까 생산이 맞잖아요?

선생님 : 아니야. 생산한 것은 최임스딘 씨가 다니는 회사에서 노동력을 생산한 거지. 월급 200만 원의 의미는 최씨를 비롯한 여러 직원들이 함께 일해서 얻은 회사의 총이익금을 분배한 것이란다. 그래서 ④번은 생산이 아니라 분배가 되어야 하는 거야.

경제체제의 변천

선생님 : 지금의 경제를 움직이는 가장 중요한 수단은 돈이란다. 달리 말하면 자본이라고 하지. 그래서 지금 우리가 살아가는 경제체제를 자본주의라고 하는 거야.

서연 : 그럼 아주 오래 전에는 자본주의가 아니었겠네요?

선생님 : 그렇지. 아주 오래 전이라……. 그럼 원시시대부터 죽 한번 살펴볼까? 그때의 경제활동에는 어떤 것이 있었을까?

용석 : 사냥이나 열매 따서 모으는 것이요.

선생님 : 아주 정확히 알고 있구나.

용석 : 초등학교 6학년 때 배웠거든요.

선생님 : 그걸 잊지 않고 기억하다니 놀라운데! 그럼 농업혁명이 일어나 농경사회가 되었을 때 경제의 중심은 무엇이었을까?

서연 : 당연히 농업이죠.

선생님 : 그렇지. 초창기 농경사회는 자급자족, 즉 모든 것을 스스로 만들고 소비하는 시대였어. 기술이 발달하지 못해 생산하는 양도 적었지. 아마 농작물의 종류도 적었을 거야.
그러다가 기술이 발달하면서 생산량이 많아지자 남아도는 것이 생겼지. 이렇게 남아도는 것은 어떻게 했을까?

용석 : 다른 사람이 가진 것과 바꾸거나 팔았어요.

선생님 : 그렇지. 그러다 보니 교환이 이루어졌고, 나중에는 화폐가 생겨났단다.

첫째 날

둘째 날

셋째 날

넷째 날

다섯째 날

여섯째 날

일곱째 날

서연 : 선생님 이야기를 들으면 정말 쉽게 이해가 돼요.

선생님 : 물론 내가 설명을 잘하니까 그렇지.

서연 : 그래도 그런 말씀하시기 민망하지 않으세요?

선생님 : 사실인데, 뭐.

서연 : 용석아, 내가 괜한 말을 했나 봐. 정말 미안하다.

선생님 : 하하하, 농담이다. 하지만 책을 읽거나 수업을 받은 후에, 지금 우리가 한 것처럼 흐름에 따라 요점만 정리해 보면 이해하는 데 많은 도움이 된단다.

용석 : 그건 그래요. 책을 읽은 다음 머릿속으로 내용을 한번 훑어 주면 책 읽을 때 잘 몰랐던 부분까지 이해하게 되고 기억도 오래 가는 것 같아요.

선생님 : 그렇지. 자, 그럼 이야기를 계속해 볼까? 교환이 활성화되어 시장이 생기니까 이런 유통을 직업으로 하는 전문 상인이 등장했고 자본을 많이 쌓게 되었지. 이때부터 조금씩 자본주의가 싹트게 되었다고 볼 수 있어.

그러다 18세기 후반 영국에서 번져 나간 산업혁명은 대량생산을 가능하게 해, 그때까지 집에서 만들어 쓰던 것을 엄청나게 싼 가격으로 판매했어. 그러니 너도 나도 공장에서 생산한 제품을 사게 되었지.

서연 : 농업사회가 드디어 공업 중심의 산업사회로 바뀌게 된 것이죠.

선생님 : 맞아. 서연이가 경제를 재미있어 한다더니 정말 잘 알고 있구나.

서연 : 히히히, 사실 어제 집에서 예습을 좀 했어요.

선생님 : 아주 좋은 자세야. 어쨌든 이렇게 대량으로 생산하는 체제가 되자 돈이 있는 자본가들은 더 많은 돈을 가질 수 있게 되었지. 이때부터 자본주의 또는 시장경제가 본격적으로 나타나기 시작했단다.

공업 중심의 산업화는 최근 들어서는 정보기술이 부각되는 첨단산업 쪽으로 바뀌었어. 이렇게 정보가 중심이 된 것을 뭐라고 할까? 힌트, 농업혁명과 산업혁명을 잘 생각해 봐.

서연 : 정보혁명 아닌가요?

선생님 : 맞아. 앨빈 토플러라는 학자는 이것을 제3의 물결이라고 이름 붙였단다.

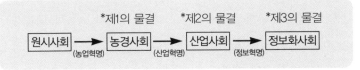

용석 : 표를 보니까 경제체제가 어떻게 해서 오늘날에 이르렀는지 한눈에 알 수 있어요. 그런데 산업혁명 이후 지금까지는 계속해서 시장경제 체제인가요?

선생님 : 그렇지, 다른 말로는 자본주의라고 한다고 했지? 자본의 힘과 중요성을 깨달으면서 산업사회에서는 대량의 자본이 산업화에 투자되었고, 현재는 정보 및 첨단 분야에 투자되고 있단다. 자, 그럼 문제풀이 시간이다. 오늘 활약이 기대되는

첫째 날

둘째 날

셋째 날

넷째 날

다섯째 날

여섯째 날

일곱째 날

서연이가 한번 풀어 볼까?

시대별 산업의 주요 원천이 바르게 짝지어진 것은?

	농경사회	산업사회	정보화사회
①	노동, 자본	토지	정보, 지식
②	토지, 자본	정보, 지식	노동, 자본
③	노동, 자본	정보, 지식	토지, 정보
④	토지, 노동	노동, 자본	정보, 지식
⑤	정보, 지식	토지	노동, 자본

서연 : 농경사회에서 농사를 지으려면 농부의 노동과 토지가 있
　　　어야 하고, 산업사회에서 물건을 만들려면 공장 노동자의 노
　　　동과 자본가의 자본이 있어야 하죠. 그리고 정보화사회에서
　　　는 정보와 지식이 있어야 하니까, 정답은 ④번이네요.

선생님 : 그래, 잘했다. 문제가 쉽다고 생각하겠지만 틀리는 학생
　　　도 많단다.

서연 : 정말요? 이렇게 쉬운데.

선생님 : 그렇지 않아. 이해하려고 하지 않고 암기 위주로 공부하
　　　는 학생들은 생각보다 많이 틀리는 문제란다.

용석 : 그럼 앞으로 시장경제 체제는 어떻게 바뀔까요?

선생님 : 선생님이 현재의 시장경제 체제에 대해 설명했었지? 앞으론 첨단산업 분야에 투자하려는 경향이 늘 것이고, 지금의 국가 위주의 경제체제가 세계 단일화 방향으로 가지 않을까 생각된다.

용석 : 그게 무슨 말씀이세요?

선생님 : 지금까지는 국가가 자국의 이익을 위해 국내 산업을 보호하는 이른바 보호무역을 고수해 왔어. 하지만 현재 자원이 고갈되고 있고, 나라별로 유리한 것과 불리한 것이 있다 보니, 국가 간에 서로 협력할 필요가 늘고 있지. 예를 들면 다국적 기업이라 해서 우리나라 기업들이 외국에 공장을 세우고 그쪽 사람들을 노동자로 고용해 제품을 생산하는 것과 같이 말이야.

용석 : 그렇게 하면 좋은 점은 뭔가요?

선생님 : 우선 노동자에게 주는 임금이 많이 절약되고, 외국에 수출할 때 세금이 감면돼. 그러면 엄청나게 싼 비용으로 제품을 생산하게 되겠지?

용석 : 그래서 우리나라 기업들이 외국으로 진출하는 것이군요.

서연 : 그런데 선생님, 요즘 한창 이슈가 되고 있는 FTA가 바로 보호무역에 반대하고 자유무역을 하려는 게 아닌가요?

첫째 날

둘째 날

셋째 날

넷째 날

다섯째 날

여섯째 날

일곱째 날

선생님 : 이야, 우리 서연이가 참 잘 알고 있구나. 서연이 말이 맞아. 이제는 어느 나라든 혼자의 힘으로 살아가기 힘들다고 말했지?

서연 : 예!

선생님 : 그래서 세계를 하나의 경제기구를 중심으로 움직이게 하자는 흐름이 있단다. 이것을 아까 이야기한 세계 단일화 방향이라고 하는 거야.

용석 : 어떤 기구를 중심으로 하는데요?

선생님 : WTO(World Trade Organization)라는 말 들어 봤니? 이른바 세계무역기구라고 하는 것인데, 1995년에 만들어졌단다. 이 기구가 주장하는 바는 각국의 장점과 단점을 인정하고 그것을 적극 살려 국가 간의 경계선을 없애자는 거야. 그러니까 자유롭게 무역을 하자는 거지.

용석 : 그럼 좋은 거 아닌가요?

선생님 : 궁극적으로는 그렇겠지만 지금 당장은 여러 문제를 불러올 수 있지. 특히 개발도상국처럼 비교적 잘 살지 못하는 나라는 많이 불리할 수 있어. 얼마 전 우리가 미국과 FTA(free trade agreement) 협정을 협상했지? 그것이 이른바 WTO가 주장하는 자유무역협정이란다. 그 협상 내용을 살펴보면 미국의 농산물과 고기가 대량으로 엄청나게 싼 가격으로 들어오게 되어 있어. 그 대신 우리는 미국에 자동차나 기계류를 싼 가격에 공급하게 되고.

용석 : 그럼 우리나라나 미국이나 손해 볼 게 없는 협상이잖아요?

첫째 날

둘째 날

셋째 날

넷째 날

다섯째 날

여섯째 날

일곱째 날

선생님 : 언뜻 보기에는 그렇지. 하지만 FTA 협정을 맺으면 수입
품에 붙는 세금인 관세를 많이 내리거나 없애기 때문에 제품
경쟁력이 없는 국가는 불리할 수밖에 없단다. 그런데 미국은
이미 자동차나 기계공업이 일정 수준에 올라 있어. 그러니까
우리 자동차가 싼 가격에 들어가더라도 자기네 자동차가 경
쟁력이 높다는 거지.

하지만 미국의 농산물이 싼 가격에 우리나라로 들어오면 우
리 농산물은 미국 것에 비해 비싸기 때문에 경쟁력을 잃고 말
아. 그러면 우리나라 농민들이 어려운 처지에 놓이겠지.

용석 : 그럼 안 하면 되잖아요?

선생님 : 그러면 미국이 우리 제품을 안 사려고 할 텐데?

용석 : 그야말로 진퇴양난이군요.

서연 : 그래서 농민들을 비롯해 사람들이 그토록 반대시위를 벌
이고 그랬군요. 그럼 뭐 방법은 없나요?

선생님 : 방법은 하나야. 유리한 부분의 경쟁력은 계속 키우고, 불리한 부분의 산업은 다른 쪽으로 바꾸거나 정부가 보상을 해주어 그 산업에 종사하는 사람들이 살아갈 수 있도록 도와주는 거지.

그럼 문제 하나 풀어 보자. 이번에는 용석이 차례지?

문제 ▮▮▮▮▮▮▮▮▮▮▮▮▮▮▮▮▮▮▮▮▮

오늘날 국제 경제 흐름에 대한 설명으로 옳지 않은 것은?

① 자국의 산업을 보호하는 무역이 확산되고 있다.

② 시장의 개방화와 단일화로 기업 간의 경쟁이 가속화되고 있다.

③ 자국의 이익을 증진시키기 위하여 국가 간 협력을 중요시 한다.

④ 세계무역기구(WTO)의 등장으로 자유무역이 확대되고 있다.

⑤ 각국은 치열한 경쟁에서 이기기 위해 노사 간의 협력, 신기술 개발 등의 노력을 하고 있다.

용석 : ①번이 정답이네요. 보호무역이 아니라 자유무역이 확산되고 있으니까요.

선생님 : 맞았어. 나머지 것들도 한번 설명해 볼래?

용석 : 예. ②번은 WTO를 설명하는 것이고, ③번은…… 잘 모르겠어요.

선생님 : WTO가 자유무역을 워낙 강하게 요구하는 상황에서 혼자 힘으로는 국가 경쟁력을 키우기 어려우므로, 국가들이 서로 협력해야 한다는 말이지.

용석 : 아, 그렇군요. ④번과 ⑤번은 설명이 필요 없을 것 같은데요. 당연한 말이니까.

선생님 : 잘 했다. ③번에 대해 한 가지 더 덧붙이자면, 국가들이 서로 협력하기 위해 가까이 있는 국가들끼리 협력기구를 만들었단다. 예를 들면 이런 것들이지.

· **동남아시아**
ASEAN(Association of South-East Asian Nations)
동남아시아국가연합

· **아시아 · 태평양**
APEC(Asia-Pacific Economic Cooperation)
아시아태평양경제협력체

· **유럽**
EU(European Union)
유럽연합

· **북아메리카**
NAFTA(North American Free Trade Agreement)
북미자유무역협정

지역별 국가 협력기구

첫째 날

둘째 날

셋째 날

넷째 날

다섯째 날

여섯째 날

일곱째 날

자원의 희소성

용석 : 역시 경제는 어렵고도 복잡하네요. 그냥 사이좋게 나누며 살면 될 것 같은데 말이에요.

선생님 : 선생님도 그렇게 생각해. 그렇게만 된다면 더 바랄 게 없겠지. 하지만 그래도 문제는 생기게 마련이야. 사람들이 열심히 일하려고 하지 않기 때문에 경제가 더 어려워진다는 거지. 그건 이미 역사적으로 증명되었어. 공산주의 경제인 계획 경제가 무너졌잖아.

또 현실적으로 자원이 풍부하지 않기 때문에 생기는 문제도 있지. 예를 들어 용석이에게는 빵이 많고, 서연이에게 떡볶이가 있다고 해 보자. 두 사람이 교환해서 먹으려 할 때 무조건 많이 나눠 주겠니?

용석 : 아뇨, 내가 가진 것은 조금 주고 남의 것은 많이 가지려고 하겠죠?

선생님 : 바로 그거야. 그래서 경제 문제가 생기는 거지. 이것을 어려운 용어로 자원의 희소성이라고 한단다.

서연 : 빵과 떡볶이를 거래하는 게 자원의 희소성 때문이라고요?

선생님 : 그래, 모든 경제 문제는 바로 자원을 얻기 위해 노력하는 가운데 발생하지. 자원의 희소성이란 자원이 희소하다는 건데, 이건 흔하다는 말일까 귀하다는 말일까?

용석 : 귀하다는 말이요.

선생님 : 그래, 귀하기 때문에 문제가 발생해. 정확히 말하면 '자원의 양은 한정되어 있는데 인간의 욕구는 무한하다'는 거란다.

용석 : 그럼 자원이 많다면 희소성도 없겠네요?

선생님 : 바로 그거야! 예를 들어 볼까? 아주 더운 아프리카에 난로가 1대 있었어. 1대밖에 없으니 당연히 귀하겠지? 그러면 서로 가지려 할까?

서연 : 필요 없는 건데, 그럴 리가 없겠죠.

선생님 : 그렇지. 그럼 북극에 난로가 100대 있어. 사람들이 관심을 가질까?

용석 : 그럼요, 당연하죠.

선생님 : 자, 보자. 아프리카에 있는 난로의 수가 더 적지만 북극에서 더 가치가 있음을 알 수 있어. 왜냐하면 희소성이란 자원의 양보다는 인간의 욕구나 필요에 의해 생기기 때문이지.

용석 : 그럼 아프리카에서는 에어컨이 희소성이 있겠네요?

첫째 날

둘째 날

셋째 날

넷째 날

다섯째 날

여섯째 날

일곱째 날

선생님 : 그렇지. 그러니까 모든 경제 문제는 바로 자원의 희소성 때문에 생긴다는 거지.

서연 : 그럼 우리 가정에서도 자원의 희소성이라는 원칙이 생기나요?

선생님 : 그럼, 당연하지. 어머님들이 시장에 가서 물건 값을 왜 깎겠니? 돈이란 자원은 한정되어 있는데, 물건이란 자원은 가져야 하기 때문이잖아.

자원은 크게 2개로 구분하는데, 여기에서 그걸 알고 넘어가자. 눈에 보이는 자원은 재화, 보이지 않는 자원은 서비스라고 해. 재화는 '재물과 화폐' 라고 알아두면 되겠구나.

서연 : 그럼 서비스는 어떤 것을 말하나요?

선생님 : 의사의 진료, 선생님의 강의 등이 서비스지. 이런 것들을 다 자원이라고 해. 그럼 희소성과 관련된 문제 하나 풀어 보자. 이번엔 꽃미남 용석이가 해 볼까?

문제

다음 사실을 통해 희소성에 대해 가장 바르게 설명한 것은?

> 열대 지방에서는 에어컨이 아무리 많아도 희소성이 있다고 하지만, 추운 극지방에서는 에어컨이 1대밖에 없더라고 희소성이 있다고 하지 않는다.

① 희소성의 유무는 문화적 배경과 밀접한 관련이 있다.

② 희소성은 상대적인 개념이므로 상황에 따라 다르다.
③ 희소성은 경제적 차이에 따라 느끼는 정도가 다르다.
④ 희소성의 유무는 재화의 수가 많고 적음을 의미한다.
⑤ 희소성은 사람들의 소득 수준과 밀접한 관계가 있다.

용석 : 지문의 내용은 희소성이 어떤 지역의 기후, 자연환경 등에
따라 다르다는 거죠. 그런데 ①번은 문화에 따라 다르다고 했
으니까 틀렸고, ②번은 상대적이라는 것은 절대적으로 똑같
은 것이 아니라는 뜻이죠. 그러니까 쉽게 말하면 '그때그때
달라요' 라는 말이에요.
③번은 경제적인 이유 때문이라고 했으니까 틀렸고, ④은 말
도 안 되는 소리고, ⑤번도 지문의 의미와는 다르네요. 그럼
정답은 ②번이에요.
선생님 : 잘했다. 여기에서는 희소성이 '상대적' 이라는 게 중요
하다는 것을 배웠다. 자, 다음 내용으로 넘어가 볼까?

첫째 날

둘째 날

셋째 날

넷째 날

다섯째 날

여섯째 날

일곱째 날

기회비용과 합리적 선택

서연 : 선생님, 그럼 이런 자원을 효과적으로 얻으려면 어찌해야
하나요?

용석 : 에이, 당연히 잘해야지.

선생님 : 하하하, 그래 맞다. 잘해야 하지. 그런데 어떻게 하는 게
잘하는 걸까?

서연 : 우선 물건 살 때 싸게 사야 해요. 그리고 물건을 만들 때는
싸게 만들어야 하고요.

선생님 : 정확히 얘기했다. 그것을 경제용어로 말하면 합리적인
경제활동이라고 한단다. 우리가 경제활동을 할 때는 여러 고
민을 하게 되지? 물건을 살 때, 그러니까 소비할 때에도 신중
하게 생각해야 하지.

예를 들어 보자. 청바지를 사러 갔는데, A청바지는 10만 원,
B청바지는 12만원이라고 할 때 어떤 것을 사야 가장 합리적
인 선택일까?

용석 : 그야, A청바지이죠.

선생님 : 정말 그럴까?

용석 : 그럼 B청바지라는 말씀이세요? 더 비싼데?

선생님 : 합리적 선택의 기준은 가격보다는 만족감이란다. 싸다
고 해서 A청바지를 샀는데, 나중에 'B를 살걸' 하며 후회한
다면 어떻게 될까? 결국 A청바지는 잘 입지도 않을 거고, 결

국은 다시 B청바지를 사게 되지 않을까?

서연 : 그럼 A청바지를 산 10만 원은 낭비가 되는 거잖아요.

선생님 : 그렇지. 그래서 선택할 때는 나중에 후회하지 않는 게
가장 중요한 거야. 그래서 여러 가지를 꼼꼼하게 비교해야 하
는 거고.

서연 : 정말 그렇군요. 저도 그런 경험 많은데…….

선생님 : 그럴 거야. 지금 선생님이 설명한 것을 경제용어로 말해
보자. 무언가를 선택했을 때의 만족감을 편익이라고 하고, 무
엇을 얻기 위해 지불하는 대가를 비용이라고 해. 그리고 하나
를 선택하면서 포기한 것의 가치를 기회비용이라고 하지.

서연 : 만약 제가 B청바지를 선택했다면 기회비용은 A청바지라
는 말이군요?

선생님 : 그렇지.

서연 : 그런데 왜 기회비용이라고 하나요?

선생님 : 청바지를 살 때 서연이는 두 청바지를 비교했을 것이고,
그러다가 B가 A보다 더 나은 점을 찾게 되어 선택한 것이겠
지? 즉, B를 선택하도록 A가 기회를 주었다고 해서 기회비용
이라고 하는 거야.

용석 : 아하, 그렇군요. 선생님, 이런 식으로 하니까 용어정리가
정말 재미있어요.

선생님 : 그래, 조금만 관심을 가지면 쉽게 이해할 수 있어. 자,
합리적 선택이 되기 위해선 비용보다 편익이 더 커야겠지? 그
리고 기회비용보다 편익이 더 커야 하고.

첫째 날

둘째 날

셋째 날

넷째 날

다섯째 날

여섯째 날

일곱째 날

용석 : 그럼 편익이 같을 땐 어떻게 해야 해요?

서연 : 만족감이 같다면 싼 거, 즉 비용이 적게 드는 걸로 해야 하지 않나요?

선생님 : 그렇지. 이제 선생님은 필요 없겠다. 너희끼리 다 알아서 하니까.

서연 : 에이, 왜 그러세요? 설마 삐치신 건 아니시죠?

선생님 : 뗵! 내가 너희랑 같으냐. 기특해서 그런다.

용석 : 휴, 그런 줄도 모르고 정말 기분 상하신 줄 알았어요.

선생님 : 하하하. 아무튼 잘했다. 그럼 문제 풀어 보자.

문제

다음의 경우 최임스딘 씨의 기회비용은 얼마인가?

최임스딘 씨는 현금 100만 원을 어디에 투자할지를 두고 고민하고 있다. 주식에 투자하면 1년에 20만 원의 수익이 예상되고, 은행에 예금하면 1년에 10만 원의 이자 수익이 예상된다. 제임스딘 씨는 오랜 고민 끝에 100만 원을 주식에 투자하기로 결정했다.

① 10만 원   ② 20만 원
③ 30만 원   ④ 110만 원
⑤ 130만 원

서연 : 제가 풀 차례죠?

선생님 : 이야, 자발적인 자세 아주 마음에 들어.

서연 : 최임스딘 씨는 주식과 예금 중 주식을 선택했으니까 기회
비용은 포기한 예금이자 10만 원이에요. 그러니까 정답은 ①
번이에요!

용석 : 선생님, 제가 보기엔 110만 원 같은데요. 아닌가요?

선생님 : 아니야, 용석아! 기회비용은 포기한 것의 가치야. 여기
서 제임스딘 씨가 포기한 것은 이자 10만 원이지, 자기 돈
100만 원까지 포기한 건 아니잖니?

용석 : 아, 그렇구나…….

선생님 : 자, 얘들아! 오늘은 여기까지만 하자. 배고프지 않니?

서연 : 만두 좀 드세요.

선생님 : 그렇지, 서연이 어머니께서 만들어 주신 만두가 있었지.
어, 그런데 만두가 그대로 있구나. 좀 먹지 그랬어?

용석 : 바로 공부를 시작하시니까 먹을 수가 있어야죠. 아! 선생
님, 그렇다면 이 만두가 오늘 공부의 기회비용이라 할 수 있
겠네요? 만두 대신 공부를 택했으니까요.

선생님 : 하하하, 녀석. 그것도 말 된다. 응용력 하나는 기가 막히
는구나.

첫째 날

둘째 날

셋째 날

넷째 날

다섯째 날

여섯째 날

일곱째 날

일곱째 날 | 경제 2

시장가격의 형성과
공정 경쟁

✳테마 1 **수요·공급의 법칙**

✳테마 2 **가격의 변동**

✳테마 3 **환율과 무역**

✳테마 4 **공정한 경쟁**

수요·공급의 법칙

7

서연 : 선생님, 저희 왔어요.

용석 : 선생님, 안녕하세요?

선생님 : 그래, 어서들 오너라.

서연 : 오늘이 마지막 날이라니, 너무 너무 아쉬워요.

용석 : 맞아요, 그동안 재미있었는데.

선생님 : 그래, 나도 아쉽다. 7일간의 사회 탐험을 목표로 열심히 잘해 왔구나. 어쨌든 마지막까지 열공해 유종의 미를 거둬야지?

용석 : 그럼요. 이런 기회를 마련해 주신 선생님께 다시 한 번 감사드립니다.

선생님 : 그래, 기특하다. 오늘은 시장경제에서 가장 중요한 시장과 가격에 대한 세계로 여행을 떠나 보자꾸나.

선생님 : 너희들 시장에 가 봤지?

서연 : 그럼요, 거의 일주일에 한 번은 엄마 따라 가요.

선생님 : 그래, 거기에 가면 사고 싶은 물건들이 많지?

서연 : 네.

선생님 : 그래, 그런 시장을 눈에 보이는 시장이라고 한단다.

서연 : 그럼 눈에 보이지 않는 시장도 있나요?

선생님 : 그렇지. 증권시장이나 외환시장, 인터넷 상거래는 거래

하는 물건이 눈에 보이지 않아 눈에 보이지 않는 시장이라고
하지.

특히 요즘은 정보화시대가 되어 집에서 인터넷을 통해 물건
을 구입하는 경우가 많지?

용석 : 그렇긴 하지만, 저희 엄마는 인터넷 쇼핑은 잘 안 하시려
고 해요. 믿을 수가 없다면서요.

선생님 : 그래, 아주 현명한 분이시구나. 용석이 어머님처럼 물건
을 사고자 할 때 우리는 시장으로 가지? 이렇게 시장을 중심
으로 돌아가는 경제를 시장경제라고 해. 이것을 다른 말로 하
면 뭘까, 선생님이 얘기했었는데?

서연 : 자본주의라고 하죠.

선생님 : 그렇지. 자본은 곧 '돈' 이니까 시장에서 제일 중요한 것
은 바로 가격이란다. 그럼 가격은 어떻게 정해질까?

용석 : 그야 물건 파는 사람이 정하죠.

선생님 : 과연 그럴까? 예를 들어 보자. 어머니께서 고등어 한 마
리를 사러 시장에 가셨어.

다음의 대화를 잘 보렴.

어머니 : 아줌마, 이 고등어 얼마예요?

아줌마 : 한 마리에 1,500원이에요.

어머니 : 아휴, 왜 이리 비싸? 지난번에 1,000원에 샀는데.

아줌마 : 언제 1,000원에 사갔어요?

어머니 : 지난번에요. 암튼 두 마리에 2,000원만 해요!

첫째 날

둘째 날

셋째 날

넷째 날

다섯째 날

여섯째 날

일곱째 날

아줌마 : 안 돼요, 남는 것도 없는데. 한 마리당 1,300원에 줄
게요.

어머니 : 으이그, 남는 게 없긴. 그럼, 두 마리 싸 줘요.

아줌마 : 예.

어머니 : 아줌마, 일단 2,000원 받으세요. 어, 분명 100원짜리
가 있었는데……. 없네. 미안해서 어쩌나? 아줌마, 오
늘만 봐줘요!

아줌마 : 아니, 그냥 가시면 어떡해요. 정말 밑지는데…….

서연 : 저희 엄마 이야기 같네요.

선생님 : 그래, 흔히 있는 일이지. 그런데 여기에서 두 사람은 무
엇 때문에 실랑이를 벌인 걸까?

용석 : 고등어 가격 때문에요.

선생님 : 그렇지. 여기서 알 수 있는 건 물건의 가격이 일방적으

로 정해지지는 않는다는 것이야. 처음에는 파는 사람이 고등어 가격을 정했다 하더라도 사는 사람이 동의해야 하고, 소비자가 동의하지 않으면 결국 소비자의 의견이 반영되지. 그러니까 시장경제에서 제일 중요한 가격은 소비자와 생산자의 합의 정해지는 것이지.

서연 : 사려는 사람이 가격에 동의를 해야 거래가 이루어지기 때문이군요.

선생님 : 그렇지.

용석 : 합의하기가 쉽지 않겠어요. 파는 사람은 비싸게 팔려고 하고 사는 사람은 싸게 사려고 하니까요.

선생님 : 그래, 용석이 말대로 파는 사람과 사는 사람은 가격을 가지고 서로 경쟁한다고 볼 수 있어. 그런데 소비자는 안 살 수 없고, 생산자는 안 팔 수 없잖니?

그래서 영국의 경제학자 애덤 스미스는 가격을 최대의 이익을 만드는 보이지 않는 손이라고 말했단다.

서연 : 아, 첫째 날 '역사적 배경'을 공부할 때도 말씀하셨죠? 중상주의 경제체제를 비판하면서 자유로운 경제를 주장한 사람이잖아요.

선생님 : 그래, 잘 기억하고 있구나.

용석 : 가격이 보이지 않는 손이라는 건 알 것 같은데, 왜 최대의 이익을 만드는지는 이해되지 않아요.

선생님 : 그러니까 소비자(수요자)와 생산자(공급자) 간의 자유로운 거래에 의해 형성되는 '보이지 않는 손(시장가격)'이 최대의 이

첫째 날

둘째 날

셋째 날

넷째 날

다섯째 날

여섯째 날

일곱째 날

익을 만든다는 건데, 앞의 예에서처럼 고등어를 거래하면서 형성된 가격으로 파는 사람이나 사는 사람도 손해 보는 일 없이 다들 이익이 생겼다는 말이지.

서연 : 서로 적절한 가격을 합의해서 둘 다 이익을 봤다는 말이죠?

선생님 : 그렇지. 만약 가격이 너무 비싸면 사려는 사람이 줄어들 것이고, 너무 싸면 팔려는 사람이 줄어들 테니까 말이다. 이것은 중요한 원칙이야.

이 원리를 그래프로 나타내면 이해하기 쉬울 거야. 소비자, 즉 물건이 필요한 사람을 수요자라고 하는데, 이 사람들의 심리는 가격이 쌀 때 많이 사려고 하지. 그럼 가격과 어떤 관계인지 보자.

선생님 : 그래프를 보면서 대답해 봐. 가격을 기준으로 해서, 4,000원일 때 이 물건을 사는 사람은 몇 명이니?

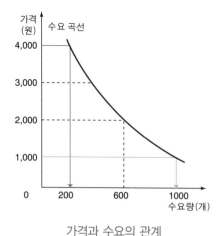

가격과 수요의 관계

용석 : 200명이요.

선생님 : 그래, 그럼 가격이 1,000원이면 몇 명이 사려고 오니?

용석 : 1,000명이요.

선생님 : 그래, 잘 맞혔다. 바로 이것이 수요의 법칙이야. 가격과
수요는 반비례 관계이지. 당연한 이야기지? 그러니까 이 그
래프는 우리가 아는 상식을 보기 좋게 만든 것뿐이란다.

자, 그럼 이번에는 공급에 대해 생각해 보자. 팔고자 하는 사
람을 공급자라고 하는데, 보통 공급자는 물건이 비싸게 팔고
싶어 하겠지? 이것을 그래프로 나타내면 어떻게 될까?

서연 : 수요 그래프와 반대 모양이 되겠는데요.

선생님 : 그렇지.

선생님 : 이제 알겠지? 물건의 가격이 1,000원에 거래되면 별로
남는 게 없어서 공급자는 200개만 만들고, 가격이 4,000원으

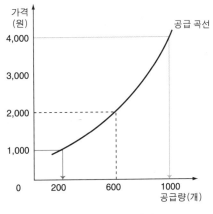

가격과 공급의 관계

첫째 날

둘째 날

셋째 날

넷째 날

다섯째 날

여섯째 날

일곱째 날

193

로 오르면 신나서 1,000개를 만들었지? 즉, 공급과 가격은 비례관계란다.

서연 : 사실 지금까지는 그래프만 나오면 골치 아팠는데, 오히려 이해가 금방 된다는 것을 이제야 알겠어요.

선생님 : 그래, 이제 그래프에 대한 편견을 버릴 수 있겠지? 조금만 익숙해지면 이해도 쉽고 정리하기도 쉬운 도구란다.

자, 그럼 이제 가격이 어떻게 형성되는지 알아볼까? 아까 가격은 어떻게 형성된다고 했지?

용석 : 음, 수요자와 공급자가 합의해서요.

선생님 : 그래, 이것을 그래프로 표현하면 바로 앞에 나온 수요 그래프와 공급 그래프를 합친 것과 같아.

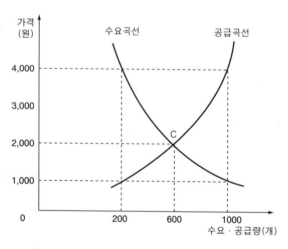

가격의 결정

선생님 : 이 그래프는 가격이 결정되는 구조를 보여 주는 거란다. 이 그래프를 보고 가격이 어디에서 형성되는지 알아보자. 가격은 수요자와 공급자가 만나서 정해진다고 했지? 그럼 그래프에서 수요 그래프와 공급 그래프가 만나는 지점의 가격은 얼마니?

서연 : 2,000원이요.

선생님 : 그렇지. 그럼 이때의 수요량과 공급량은 얼마지?

용석 : 수요량도 600, 공급량도 600이에요.

선생님 : 잘했다. 이것을 누가 설명해 볼까? 그래, 서연이가 해 보자.

서연 : 가격이 2,000원일 때 사려는 사람이 600명이고 만든 물건도 600개니까, 사려는 사람은 모두 샀고 팔려고 내놓은 물건도 다 팔았어요.

선생님 : 서연이는 경제학자가 되어야겠어. 설명을 정말 잘하는구나. 서연이 말처럼 가격이 2,000원일 때는 수요량과 공급량이 같지?

이때는 못 사고 집에 가는 사람도 없고, 못 팔고 남은 물건도 없어. 그래서 이때의 가격을 시장가격이라고 하고, 가장 안정된 가격이라고 해서 균형가격이라고도 하지.

그럼, 왜 애덤 스미스가 시장가격에서 최대의 만족이 얻어진다고 했는지 한번 증명해 볼까?

다음에 나오는 표를 보자!

첫째 날
둘째 날
셋째 날
넷째 날
다섯째 날
여섯째 날
일곱째 날

① **가격이 4,000원일 때**

수요량 200개, 공급량 1,000개 → 초과공급(수요량 〈 공급량) 발생 → 가격하락

*매출액(판매액) = 4,000원×200(사고자 하는 사람) = 800,000원

② **가격이 2,000원일 때**

수요량 600개, 공급량 600개 → 균형가격, 시장가격 형성

*매출액 = 2,000원×600 = 1,200,000원

③ **가격이 1,000원일 때**

수요량 1,000개, 공급량 200개 → 초과수요(공급량 〈 수요량) 발생 → 가격상승

*매출액 = 1,000원×200(팔 수 있는 물건) = 200,000원

*공급이 많으면 공급자들끼리의 경쟁으로 가격이 하락하고, 수요가 많으면 수요자들의 경쟁으로 가격이 상승한다.

선생님 : 자, 이 표를 보면 균형가격일 때 최대의 이익이 발생한다는 걸 알 수 있지?

용석 : 정말 그러네요. 그런데 선생님, 초과공급이란 말은 공급량이 수요량보다 많다는 거죠?

선생님 : 그래, 맞아. 가격이 오르니까 사려는 사람은 줄고 팔려는 사람은 신나서 물건을 많이 만들게 되어, 물건이 남게 된단다. 그래서 남은 물건을 팔려고 가격을 내리게 되지. 초과수요는 설명 안 해도 알겠지?

용석 : 네!

선생님 : 그럼 씩씩하게 대답한 용석이가 문제를 풀어 보자.

첫째 날

둘째 날

셋째 날

넷째 날

다섯째 날

여섯째 날

일곱째 날

다음 그래프를 보고 설명한 것 중 옳지 않은 것은?

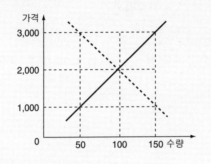

① 균형가격은 2,000원이다.
② 균형거래량은 100개이다.
③ 가격이 오르면 수요량은 감소한다.
④ 가격이 내려가면 공급량은 증가한다.
⑤ 가격이 1,000원일 때 수요량은 150개이다.

용석 : 이 그래프의 균형가격은 수요량과 공급량이 100으로 같
을 때 2,000원이니까, ①번과 ②번은 맞고, 가격이 오르면 비
싸서 안 사려고 하니까 수요량이 줄어드니까 ③번도 맞아요.
④번은 틀렸어요. 가격이 내려가면 공급자는 물건을 많이 만
들지 않죠. 그리고 ⑤번은 가격이 1,000원일 때 수요량은
150, 공급량은 50이니까 맞네요. 그럼 정답은 ④번이죠.
선생님 : 이야, 오늘 마지막 날이라고 너무 잘하네. 그럼 가격이

1,000원일 때를 뭐라 할까?

서연 : 초과수요예요!

선생님 : 수요량이 얼마나 초과되었니?

용석 : 수요량이 공급량보다 100개 더 많아요.

선생님 : 그럼 가격은 어찌될까?

서연 : 오르죠.

선생님 : 야, 손발이 척척 맞는구나. 둘 다 아주 잘했어.

첫째 날

둘째 날

셋째 날

넷째 날

다섯째 날

여섯째 날

일곱째 날

서연 : 그런데 선생님, 가격은 늘 시장가격을 유지하나요?

선생님 : 아니지, 실제로 모두에게 만족하는 시장가격이 되기란
　　　　어렵단다. 게다가 가격은 그때그때의 상황에 따라 변해.

서연 : 어떻게요?

선생님 : 아주 간단해. 수요량(사려는 사람)이 많으면 가격은 오르
　　　　고, 반대로 공급량(팔려는 물건)이 많으면 가격이 내려가겠지?
　　　　이것만 기억하면 가격변동의 원인이나 결과는 쉽게 알 수 있
　　　　단다.
　　　　자, 그럼 공급량은 일정한데 수요량이 증가하면 어떻게 될까?

용석 : 당연히 가격이 오르겠죠.

선생님 : 그래, 그것을 그래프로 나타내면 이렇게 된단다.

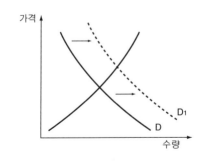

수요 증가에 따른 가격의 변화

선생님 : 여기서 공급 그래프는 가만히 있는데 수요 그래프가 이
　　　동했지? 그럼 오른쪽 화살표로 이동했을 때, 그러니까 D에서
　　　D_1로 이동했을 때 가격은 어떻게 변했니?

용석 : 상승했어요.

선생님 : 그렇지.

서연 : 어떤 경우에 이런 일이 생기나요?

선생님 : 여러 가지 경우가 있지. 인구가 증가했을 경우, 어떤 제
　　　품의 선호도(어떤 상품을 더 좋아하는 것)가 증가하는 경우, 소득
　　　이 늘어날 경우에는 소비가 늘어 가격이 올라가지. 그리고 대
　　　체재의 가격이 상승했을 때도 그렇지.

서연 : 대체재가 뭐예요?

선생님 : 대체재란 만족도가 비슷해서 다른 것으로 대신 사용할
　　　수 있는 재화를 말해. 예를 들면 커피와 홍차, 돼지고기와 쇠
　　　고기의 관계란다. 쇠고기의 가격이 오르거나 광우병 때문에
　　　문제가 생기면 사람들은 쇠고기를 먹지 않으려고 하지. 즉,
　　　쇠고기의 수요가 줄어들지. 그렇다고 고기를 먹지 않는 것은
　　　아니지. 대신 돼지고기를 먹으려 하겠지? 그러면 돼지고기의
　　　수요는 늘고 가격은 오르게 되지.

용석 : 간단하네요. 대신할 수 있는 게 대체재라는 거니까요.

선생님 : 그렇지. 또 보완재의 수요가 상승했을 때도 가격이 오른
　　　단다.

서연 : 보완재는 또 뭐예요?

선생님 : 보완재란 함께 사용할 때 더 큰 만족을 얻을 수 있는 재

화를 얘기한다, 예를 들면 커피와 설탕, 바늘과 실 등의 관계를 말하지. 떼려야 뗄 수 없는 그런 재화들이라 할 수 있어. 가령 커피 광고를 대거 집행해 커피의 수요가 늘어나면 커피의 보완재인 설탕의 수요도 늘겠지? 그러면 설탕의 가격은 어떻게 될까?

서연 : 올라가겠죠.

선생님 : 그렇지. 그리고 시간이 지나면 사람들은 값이 오른 커피 대신 커피의 대체재인 녹차나 홍차를 마시려 할 거야. 그럼 다시 가격의 변화가 일어나겠지?

용석 : 가격이 서로 꼬리에 꼬리를 물고 오르고 내려가는군요.

선생님 : 그렇지. 대체재, 보완재의 개념은 혼동되기 쉬우니까 잘 알아 두어야 해.

서연 : 그럼 수요량은 변치 않는데 공급량에 변화가 있을 때는 가격이 어떻게 되나요?

선생님 : 그것도 그래프를 보면 금방 알 수 있단다.

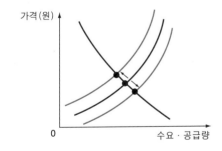

선생님 : 그래프에서 공급 그래프가 오른쪽으로 이동했다는 것은 공급량이 증가했다는 말이겠지? 이런 경우 가격은 어떻게 변했을까?

용석 : 하락했어요.

선생님 : 그럼, 어떤 경우에 이런 일이 일어날까?

서연 : 공장에서 물건을 대량으로 생산했을 때요. 그러면 공급량이 늘잖아요.

선생님 : 그래, 잘했다. 서연이가 말한 경우를 생산방식의 획기적인 변화라고 하지.

또 이런 경우도 있단다. 우리나라는 공업의 원료를 거의 수입하는데, 원료를 더 싸게 수입하게 된 거야. 그러면 물건 만드는 비용이 줄어들어 더 많은 물건을 만들게 되는 거지. 이런 상황을 생산비가 절감되었다고 한단다. 이것 외에 가격이 변하는 또 다른 이유는 없을까?

서연 : 높은 산에서 파는 음료가 비싸요!

선생님 : 왜 그럴까?

서연 : 그야, 마시고 싶은 사람은 많은데 음료수는 적고, 또 높은 산까지 운반한 수고비가 있어서 그런 거죠.

선생님 : 아주 정확히 설명했다. 또 다른 이유는 없을까?

용석 : 아침 일찍 영화를 보러 가면 관람료가 싸요. 조조할인을 하니까요.

선생님 : 왜 할인을 하는 걸까?

용석 : 아침 일찍 영화를 보러 오는 사람이 적으니까요.

선생님 : 이야, 둘 다 경제 도사가 다 되었네. 또 뭐가 있을까?

서연 : 농사가 흉년일 때나 겨울에는 배추 값이 비싸요. 엄마는 그때마다 배추 값이 비싸서 김치가 아니라 금치라고 하세요. 그러니까 이것은 공급량이 줄어서 그런 거죠?

선생님 : 그렇지. 이젠 선생님보다 너희들이 낫구나. 그리고 한 가지 더 알아 둬야 할 게 있어.

용석 : 그게 뭔데요?

선생님 : 가격이 잘 변하는 것이 있고, 잘 안 변하는 것이 있다는 사실!

서연 : 예를 들면요?

선생님 : 공장에서 만드는 공산품과 농산물을 비교해 보자. 가격 변동이 심한 건 어느 쪽일까?

서연 : 농수산물은 가격 변동이 심해요!

선생님 : 그렇지. 그럼 공산품은 어때?

용석 : 학용품도 공산품 맞죠?

선생님 : 그렇지.

용석 : 그럼 공산품 가격은 잘 안 변해요!

선생님 : 그래, 바로 그거야. 잘했다. 그럼 서연아, 다음 문제 풀 수 있지?

첫째 날

둘째 날

셋째 날

넷째 날

다섯째 날

여섯째 날

일곱째 날

다음 중 가격이 일정할 때 수요가 변동하는 경우에 대해 바르게 설명한 것은?

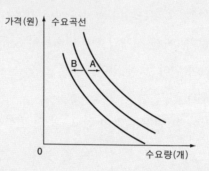

① A로의 이동 – 소득 수준이 높아져 수요가 증가했다.
② A로의 이동 – 생산 기술이 퇴보하여 생산비가 증가되었다.
③ B로의 이동 – 소비자들의 선호도가 증가했다.
④ B로의 이동 – 원료 값이 내려 공급이 증가했다.
⑤ B로의 이동 – 수요량이 증가하여 가격이 오를 것이다.

서연 : A로 수요곡선이 이동하는 것은 수요증가, 반대로 B로 이동하는 것은 감소하는 것이죠. 그럼 ①번은 소득이 높아져 소비가 많아지는 것이니까 맞고, ②번은 기술이 퇴보하면 당연히 생산비가 많이 들 테니까 이것도 맞네요.
③번은 선호도가 증가했다는 건 소비자가 어느 제품을 더 좋아하게 되었다는 말이니까, 수요의 증가인데…… 이건 틀렸어요. ④번은 원료 값이 내려가면 물건을 많이 만들게 되고

그러면 공급이 증가하는 게 맞죠. ⑤번 그래프에서 B로의 이동은 수요감소를 나타내는데, 증가라고 해서 틀렸어요. 그럼 답은 ①, ②, ④번이라는 말인데, 좀 이상하네요.

선생님 : 그래, 좀 이상하구나. 용석이가 보충 설명해 볼까?

용석 : 그래프는 수요 그래프인데, ②번과 ④번은 공급과 관련된 설명이라서 틀린 것 아닌가요?

선생님 : 그렇지. 잘했다. 그래프를 놓친 것만 빼면 서연이도 설명을 아주 잘했어. 오늘 너희와 이야기하다 보니 청출어람(靑出於藍)이란 4자 성어가 절로 떠오르는구나.

서연 : 그게 뭔데요?

선생님 : 쪽[藍]에서 나온 푸른 물감이 쪽빛보다 더 푸르다는 뜻이지.

용석 : 예? 갑자기 쪽 이야기는 왜 하시는 거예요?

선생님 : 하하하, 그러니까 제자가 스승보다 더 나을 때 비유적으로 사용하는 말인데, 이것이 바로 교육의 목적이기도 하지. 아무튼 지금 이 순간 선생님은 너무 행복하구나.

서연 : 이건 정말 감동적인데요. 좀 부끄럽기도 하고요.

선생님 : 아니다. 진심이니까 전혀 부끄러워할 필요가 없어. 자, 그럼 우리가 살아가는 시장경제가 자유의지를 갖고 움직이는 체제라는 것을 알겠지?

용석 · 서연 : 네!

선생님 : 그럼 지금부터는 우리가 배운 소비와 공급의 주체, 즉 경제활동을 하는 주체들에 대해 알아보자.

첫째 날

둘째 날

셋째 날

넷째 날

다섯째 날

여섯째 날

일곱째 날

용석 : 소비하는 사람과 공급하는 사람을 말하는 건가요?

선생님 : 그렇지. 하지만 그 외에도 있단다. 우선 우리 같은 소비자를 가계라고 하고, 물건 만드는 공급자를 주로 기업이라고 하지. 또 여기에 경제정책을 세워 건전한 경제활동을 하도록 하는 정부가 있고, 무역의 상대가 되는 외국까지 모두 4개의 주체가 있단다. 이 4개의 주체는 서로 긴밀한 관계를 맺으면서 각자 여러 가지를 주고받지.

자, 그럼 외국을 제외한 경제주체들이 어떤 관계를 맺고 있는지, 무엇을 주고받는지 살펴보기로 하자.

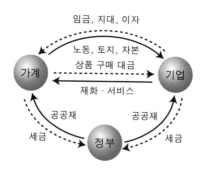

경제주체들의 관계

선생님 : 우선 그림에서 가계와 기업 간의 관계를 보자. 엄마나 아빠가 기업에 가서 일을 하지? 이것을 노동력을 준다고 하는데, 그러면 기업은 그 대가로 임금(월급)을 준단다. 또 땅이 많은 사람이 토지를 빌려 주면, 빌린 사람은 그 대가로 지대(토지대금)를 주지. 돈 많은 사람이 자본을 대면 그 대가로 돈에 대

한 이자를 주지.

서연 : 그런데 정부가 가계나 기업에 주는 공공재는 뭔가요?

선생님 : 공공재란 정부에 의하여 공급되어 모든 개인이 공동으로 이용할 수 있는 재화 또는 서비스를 말해! 예를 들면 철도, 도로, 전기, 국방, 경제정책, 복지정책 같은 것들이지.

서연 : 아, 즉 여러 사람이 이용할 수 있는 재화니까 공공재라고 하는군요.

선생님 : 그렇지. 그럼 문제 풀어 볼까? 용석이 차례지?

문제

다음은 국민 경제의 순환을 나타낸 것이다. A, B, C에 해당하는 경제주체에 대한 설명으로 옳은 것은?

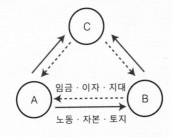

① A - 최소 비용으로 최대 이윤 추구가 목적이다.
② A - 생산에 필요한 자본을 금융기관에서 빌린다.
③ B - 재화를 소비하는 주체이다.
④ B - 재정을 위한 계획표를 세운다.
⑤ C - A와 B로부터 세금을 거두어 공공재를 공급한다.

첫째 날
둘째 날
셋째 날
넷째 날
다섯째 날
여섯째 날
일곱째 날

용석 : A가 노동과 자본, 토지 등을 B에게 주니까 A는 가계, B는 기업이에요. 그럼 C는 정부겠죠?

선생님 : 그렇지.

용석 : 그런데 보기 ①번에서 최대 이윤 추구란 많이 남긴다는 뜻 맞나요, 선생님?

선생님 : 그렇지.

용석 : 그럼 보기 ①과 ②의 설명은 기업인데 가계라고 했으니 틀렸고, ③번은 가계에 대한 설명인데 기업이라고 했으니까 이것도 틀렸어요. ④번의 재정 계획은 정부가 하는 일이니까 이것도 틀렸네요. 그럼 ⑤번이 정답이라는 말인데, 세금 걷고 공공재 공급하니까 정부에 대한 설명이 맞네요.

선생님 : 더 이상 설명이 필요 없구나. 잘했어.

서연 : 그런데 선생님, 경제주체에 외국이 들어간다면서 왜 외국에 대한 설명은 없나요?

선생님 : 그래, 서연이가 잘 지적했다. 외국과의 경제활동은 성격이 다르기 때문에 빼 놓은 거지. 그럼 이제부터 그것에 대해 알아볼까?

첫째 날

둘째 날

셋째 날

넷째 날

다섯째 날

여섯째 날

일곱째 날

선생님 : 외국과 우리는 주로 무역을 하지? 원료를 수입하기도 하고 제품을 수출하기도 하지. 물론 이때 공짜로 하지는 않아.

용석 : 당연하죠. 돈을 주고받아야죠.

선생님 : 그런데 미국 사람들은 달러화, 일본 사람들은 엔화를 쓰고 우리는 원화를 사용하는데, 어떻게 주고받지?

서연 : 기준이 되는 화폐가 있지 않을까요?

선생님 : 그렇지. 그 기준이 되는 돈이 달러화란다. 그래서 우리는 무역을 할 때 우리 돈을 달러로 바꾸거나, 달러로 받은 돈을 다시 우리 돈으로 바꾼단다. 이때 1달러당 우리 돈의 가치를 알아야 하겠지? 이것이 바로 환율이야. 쉽게 말하면, 1달러당 우리 돈의 교환 비율인 거지.

서연 : 매일 텔레비전 뉴스 시간에 보도돼요. 그런데 그것도 오르고 내리고 하는 모양이던데요?

선생님 : 그렇단다. 1달러당 1,000원에서 1,500원이 되면 환율이 올랐다는 뜻에서 환율상승이라고 해.

서연 : 저는 환율이 정해져 있는 줄 알았어요.

선생님 : 그랬니? 환율 역시 수요와 공급의 원칙에 따라 수시로 변하지. 예를 들어 우리가 가지고 있는 달러가 많으면 공급과다로 우리 돈의 가치가 높아지지. 그러면 달러의 가치는 반대로 하락하겠지? 이것은 무역에 아주 큰 영향을 미친단다.

용석 : 무역을 '미치게' 만드는군요.

선생님 : 하하하, 그렇지. 한 가지 예를 하나 들어보자. 서연이와 용석이가 무역을 하는데, 서연이는 하나에 100원짜리인 지우개를 수출하고, 용석이는 하나에 1달러짜리 볼펜을 수입한다고 하자. 똑같이 10개를 수출하고, 10개를 수입한다고 가정하는 거야. 그러면 어떤 결과가 나올까? 표를 보자.

	환율	수출 (지우개 1개 수출)	수입 (볼펜 1개 수입)
환율 상승 ↑ 환율 하락 ↓	1$: 2,000원	1$=2,000원 이익	1$=2,000원 지출
	1$: 1,500원	1$=1,500원 이익	1$=1,500원 지출
	1$: 1,000원	1$=1,000원 이익	1$=1,000원 지출

환율과 무역

선생님 : 표에서 보면, 수출업자는 환율이 1:1,000원일 때는 1,000원을 벌고, 환율이 1:2,000원으로 올랐을 때는 2,000원을 벌었지? 그러니까 환율 상승일 때 더 이익이라는 말이지. 하지만 수입업자는 어떨까?

용석 : 환율이 오르면 손해를 보는데요.

선생님 : 그렇지.

서연 : 그럼 우리나라처럼 수출을 많이 하려고 하는 나라는 환율이 올라야 좋겠네요?

선생님 : 아니, 그렇지도 않아. 우리는 대부분의 원료를 수입하고 있단다. 특히 석유는 전적으로 수입에 의존하고 있기 때문에

수입을 하지 않으면 안 되겠지? 그러면 상품을 만들 수 없을 테니까. 그러니까 환율이 오르면 이런 것을 더 비싼 가격으로 사올 수밖에 없게 돼.

서연 : 단순한 문제가 아니네요.

선생님 : 그렇지. 또 환율이 상승했다는 것은 그만큼 우리가 보유하고 있는 외환(달러)이 부족하다는 뜻이지? 그러면 지불을 해 줄 달러가 없어 빚이 늘어날 수 있지. 이렇게 빚이 늘어나면 국가 전체가 위기를 맞게 되는데, 우리는 이미 이런 상황을 경험했잖니. IMF 시대 말이야.

용석 : 엄마 말로는 그때는 제 동생 우유 값도 걱정될 정도였다던데요.

선생님 : 그래, 그랬을 거야. 수입 원료가 비싸면 물가는 오르니까.

서연 : 그런데 왜 그때를 IMF 시대라고 하나요?

선생님 : IMF(International Monetary Fund, 국제통화기금)라는 국제은행에서 달러를 빌려 왔기 때문에 그런 얘기가 나온 거야.

용석 : 그러면 환율이 무조건 내려가야 우리에게 좋은 거겠네요?

선생님 : 그것도 아니지. 환율이 하락하면 수출업자가 손해를 보니까, 이때도 국가 경제가 위축된단다. 그래서 환율을 그때그때 상황에 맞게 조절을 하는 거란다. 즉, 달러를 팔기도 하고 사기도 하면서 수요와 공급을 잘 맞추려고 노력하는 거지.

용석 : 수요와 공급의 법칙은 외국과의 무역에서도 정말 중요하군요.

선생님 : 그렇지.

첫째 날

둘째 날

셋째 날

넷째 날

다섯째 날

여섯째 날

일곱째 날

공정한 경쟁

서연 : 그런데 선생님, 애덤 스미스의 말처럼 자유롭게 경쟁하면 다들 최대 이익을 얻을 텐데, 실제로는 왜 그렇지 못한 거죠? 다들 불만이 많잖아요.

선생님 : 좋은 질문이야. 애덤 스미스가 미처 생각지 못한 것이 있는데, 사람들의 능력이 다 같지 않다는 것과 욕심이 끝이 없다는 거란다.

그래서 경쟁에서 뒤처진 사람들이나, 경제적인 힘이 큰 사람들이 더 욕심을 내서 피해를 보는 사람들이 생겨나게 된 거지. 그 때문에 요즘은 국가가 이런 일을 최소화하기 위해 경제에 개입해 조절한다고 했지?

서연 : 예. 그럼 공정하게 경쟁하면 어느 정도 최대 만족을 얻겠네요?

선생님 : 그렇지. 하지만 불공정한 일들이 많아 문제란다.

용석 : 어떤 것들이 그런가요?

선생님 : 뭐, 다 아는 거란다. 정유회사들끼리 담합해 석유가격을 턱없이 높인다든가, 교복회사들이 담합해 교복 값이 비싸고, 이동통신사들끼리 짜고 통신요금을 비싸게 받고, 자동차회사들끼리 짜고 자동차 가격이 비싸고…….

용석 : 담합이 뭐예요?

선생님 : 담합이란 소수의 공급자가 서로 짜고 가격을 조정하는

거야. 마치 독점처럼 보이는 거지.

용석 : 독점은 또 뭐예요?

선생님 : 공급자가 하나인 경우를 말해. 그럼 그 공급자가 시장을
독점하게 되지 않겠지? 이렇게 담합이나 독점이 나타나면 어
떻게 될까?

서연 : 소비자가 피해를 보게 되겠죠.

선생님 : 바로 그거야. 그럴 경우 소비자는 좋지 않은 제품을 비
싸게 사게 돼. 즉, 시장가격의 의미가 없어지는 거지.

서연 : 그럼 그걸 막을 만한 건 없어요?

선생님 : 물론 있지. 정부는 이를 막기 위해 '독점규제 및 공정거
래에 관한법률(공정거래법)' 을 만들어 시행하고 있어. 그러나
무엇보다도 중요한 것은 우리 국민이 자발적으로 이런 불공
정 행위에 대항하는 자세를 가져야 한다는 거야.

용석 : 구체적으로 어떤 일을 할 수 있나요?

선생님 : 담합이나 독점으로 의심되는 기업이 있으면 고발하거나
불매운동을 벌이는 등 다양한 활동을 할 수 있겠지.
자, 그럼 일주일 간의 사회 탐험을 마무리하는 마지막 문제
를 풀어 볼까?

서연 : 제 차례예요.

선생님 : 그래, 서연이가 해 보자.

첫째 날

둘째 날

셋째 날

넷째 날

다섯째 날

여섯째 날

일곱째 날

■ ■ ■ ■ ■ ■ ■ ■ ■ ■ ■ ■ ■ ■ ■ ■

다음 글에서 밑줄 친 부분과 가장 관련이 있는 시장경제의 문제점은?

> 시장경제는 빵을 크게 만드는 역할은 충실히 수행하지만, 그 빵을 사회 구성원 모두에게 적절하게 나누어 주는 역할을 제대로 수행하지 못하고 있다.

① 경제적 형평성을 달성할 수 없다.
② 무분별한 개발로 환경이 파괴된다.
③ 인간이 돈과 상품을 지배하는 인간 소외가 나타난다.
④ 지나친 사익 추구로 사익과 공익이 대립하기도 한다.
⑤ 실업과 인플레이션이 자주 발생하여 경제가 불안정하다.

서연 : 크게는 만드는데 적절히 나눠 주지는 못한다는 말은, 효율적으로 이윤을 내긴 하지만 경쟁이 심해 약자들이 어려움을 겪는다는 말이죠.

선생님 : 그렇지. 아주 정확한 설명이다.

서연 : 히히히, 첫째 날 '역사적 배경'에 대해 공부할 때 다 배웠잖아요. 그러니까 이것은 공평하지 못하다는 말이죠. 그럼 정답은…… ①번이에요.

선생님 : 맞았어.

서연 : 그런데 ④번에서 사익 추구라는 게 뭐예요?

선생님 : 사익이란 개인의 이익을 말해. 그러니까 개인의 지나친

이익 추구는 개인의 이익과 여러 사람의 이익을 서로 대립되
게 만든다는 거지.

서연 : 또 있어요. ⑤번의 인플레이션에 대해서도 설명해 주세요.

선생님 : 그래, 말이 어렵지? 인플레이션이란 경제가 너무 과열
되어 물가가 오르는 현상을 말해.

모르는 단어가 있어도 서연이처럼 문제의 요점을 정확히 파
악하면 어떤 문제든 풀 수 있지. 잘했다, 서연아.

서연 : 마지막 문제인데 못 맞히면 어쩌나 걱정했어요.

선생님 : 하하하, 그랬니? 자, 이제 정리해 보자. 시장경제는 최
소의 노력과 비용으로 최대의 만족을 얻기 위한 체제란다. 바
로 이것은 효율성을 강조한 것인데, 그러다 보니 경쟁에서 뒤
처진 사람들에게는 아주 적은 몫이 돌아가 공평하지 못하다
는 문제가 생겼지. 이런 문제 때문에 생겨난 것이 형평성을
강조한 '사회주의' 란다. 즉, 시장경제는 효율성을, 사회주의
경제는 형평성을 강조하고 있는 거지.

물론 사회주의 경제는 몰락했지만, 그렇다고 시장경제가 완
벽하다고 할 수는 없어. 그래서 요즘엔 국가가 여러 모순을
해결하기 위해 경제에 관여하고 있는 거지.

선생님 : 자, 이것으로 일주일 동안의 사회 탐험여행이 모두 끝났
다. 하루도 빠지지 않고 선생님하고 여행을 마친 너희 모두
기특하고 고맙구나. 너희는 어땠니?

서연 : 전 너무 좋았어요. 자신감도 많이 생기고, 사회가 재미있

첫째 날
둘째 날
셋째 날
넷째 날
다섯째 날
여섯째 날
일곱째 날

는 과목이라는 걸 새삼스레 알게 되었어요.

용석 : 저도 그래요. 첫째 날부터 함께하지 못한 것이 너무 아쉽지만, 사회 과목에 무척 관심이 많아졌어요.

선생님 : 그래, 그동안 고생했다. 마지막으로 너희에게 하고 싶은 말은, 사회는 암기가 아니라 이해해야 하는 과목이라는 거야. 절대 잊지 마라.

용석 : 암기 No! 이해 Yes!

선생님 · 서연 : 하하하.

독자 여러분, 여러분들도 모두 수고하셨습니다.
만약 여러분이 이 책을 읽은 지금, 서연이와 용석이처럼 사회가 재미있는 과목이라고 느끼신다면 저로서는 더없이 기쁘겠습니다. 하지만 만약 지금도 사회가 그다지 흥미로운 과목이 아니라고 생각된다면 다시 한번 읽어 보시기 바랍니다.
용어에만 익숙해져도 흥미는 배로 늘어나기 때문입니다.